# 地方高校突发事件应急管理能力研究

Difang Gaoxiao Tufa Shijian Yingji Guanli Nengli Yanjiu

姚书志 著

高等教育出版社·北京

内容提要

本书界定了地方高校突发事件、地方高校突发事件应急管理、地方高校突发事件应急管理能力等概念；从突发事件性质及诱发原因角度划分了地方高校突发事件类型；根据地方高校现状及其相关研究，提炼和解析了地方高校突发事件的特征；分析了地方高校突发事件的成因，揭示了地方高校突发事件形成机理。通过这些内容的研究，搭建起了地方高校突发事件应急管理能力的理论基础。确立了应急管理能力指标体系的构建原则及流程，根据地方高校突发事件类型、特征、成因机理构建起应急管理能力指标体系。针对现实中存在的突出问题，分别从地方高校外部相关体作为和内部措施两个层面，提出了地方高校突发事件应急管理策略。

**图书在版编目(CIP)数据**

地方高校突发事件应急管理能力研究/姚书志著. --北京：高等教育出版社，2016.6(2017.4重印)
ISBN 978-7-04-045065-1

Ⅰ.①地… Ⅱ.①姚… Ⅲ.①地方高校-突发事件-处理-研究-中国 Ⅳ.①G647.4

中国版本图书馆CIP数据核字(2016)第052357号

策划编辑 王 杨　责任编辑 王 杨　封面设计 于文燕　版式设计 马 云
责任校对 刁丽丽　责任印制 刘思涵

出版发行 高等教育出版社
社 址 北京市西城区德外大街4号
邮政编码 100120
印 刷 国防工业出版社印刷厂
开 本 787mm×960mm 1/16
印 张 16.75
字 数 210千字
购书热线 010-58581118
咨询电话 400-810-0598
网 址 http://www.hep.edu.cn
http://www.hep.com.cn
网上订购 http://www.hepmall.com.cn
http://www.hepmall.com
http://www.hepmall.cn
版 次 2016年6月第1版
印 次 2017年4月第2次印刷
定 价 34.80元


物 料 号 45065-00

# 序言

一

近期，华东师范大学某青年教师自杀的消息在网上疯传，并引发网友热议。一石激起千层浪。许多同事和朋友都向我推荐该教师生前同事刘擎教授的悼词，可见这起突发事件是怎样激烈冲击着社会公众特别是众多知识分子的神经。

这起突发事件的传播方式带有网络时代的鲜明特征。随着高校从象牙塔走到社会的中心，高度敏感而且拥有知识话语权的高校师生的一举一动，再也不是纯粹的校园事件，而是有着广泛的溢出效应。借助着网络平台的力量，事件瞬间传遍全国，撩拨着社会公众的敏感神经。各种不同心理诉求的人会在这次突发事件上投射自己的大胆臆测，借题发挥自己的丰富想象，使一次原本的生命悲剧演变成了娱乐至死时代的喧嚣与骚动，大大超出了高等学校的控制能力。

这起突发事件的应对方式带有知识分子群体的独特性。在理想与现实、精神与物质、坚持与妥协、功利与流俗、独立与从众激烈遭遇的情况下，许多敏感的知识分子难免发生这样那样的程度不同的心理健康问题，有的甚至演变为心理疾病。这位青年教师的抑郁症状是明显的，并且多次在微博上流露出轻生的念头，但只有围观而没有人信以为真，没有人关注，更没有人提供心理救助。从刘擎教授的悼词中可以发现深刻的反省，“××的经历也启发我们，在一个有原子化个人倾向的社会中，尊重和包容是必要的，却仍然是不够的，友爱与团结也弥足珍贵。”而面对崇尚自由独立的教师和学生的心理困境，是冒着干涉个人生活隐私的风险提供积极的医疗救助和心理干预，还是冒着错失救助机会的风险而充分尊重个人的隐私和自由？友爱和独立、帮助与干涉、宽容与放任、各人自扫门前雪与见死不救之间有没有边界？怎样做才能宽容而不放任？怎样做才是帮助而不干涉？怎样做才算尊重而不冷漠？“在一个有原子化个人倾向的社会中”，对于崇尚“独立之精神，自由之思想”的知识分子而言，这些问题恐怕是非常难于拿捏和把握的。而正是分寸难于把握，这样的突发事件，在高等学校就绝不会是一个孤立的偶然事件，而带有一定的普遍性。

二

个体性突发事件无疑需要提前介入并提供相应的帮助，群体性突发事件更需要提前预判，并进行必要的疏导、化解与积极应对。因此，高校突发事件应急管理能力研究的必要性、重要性和紧迫性就凸显出来了。

20多年来高等学校在国内外形势日益复杂的情况下出现的长期稳定局面，给予多么高的评价都不过分。各高校在应对突发事件、维护校园稳定中做了大量艰苦细致的工作，积累了丰富的经验。但随着国内经济进入新常态，国际形势日趋复杂，学校突发事件日益增多，怎样有效应对，仅靠经验性的积累是远远不够的，必须要有学理性的梳理与学术性的研究作指导。但大学治理的议题刚刚摆上日程不久，怎样从集政治、经济、文化等多种诱因的突发事件中,剥离出信仰、道德、价值等因素,并进一步化约为纯技术性的心理、生理、病理问题,化约为纯工作性的疏导、管理、教育问题,予以妥善处理,还有很长的路要走。仅有的一些这方面的零星学术性文章及专著,研究样本多来自重点大学,对为数众多的地方高校很少有指导和借鉴作用。

本书除了一般概念的界定等少数章节以外,在研究中尽量注意地方高校的特殊性,从其省市管理隶属、占有资源稀缺、条件设施简陋、生源属地化严重、就业创业压力巨大等现实状况出发,分析了地方高校突发事件类型、特征及成因,揭示了地方高校突发事件形成机理,搭建了地方高校突发事件应急管理能力的理论基础;在以上工作的基础上,建立了基于地方高校突发事件发生前后的管理职能及保障平台之上的应急管理能力指标,提炼出应急计划能力、应急组织能力、应急指挥能力、应急协调能力、应急控制能力和物资保障能力等6个一级指标和37个二级指标,形成了地方高校应急管理能力评价指标体系,并用数学工具对应急管理能力指标体系的合理性进行检验;建立了地方高校突发事件应急管理能力评价模型;提出了地方高校突发事件应急管理初步对策。希望我的初步研究探索,能为地方高校提高应对突发事件的能力,提供一家之言的理论参考。

三

久负盛名的史蒂芬·霍金在其著名的通俗读物《时间简史》的感谢词中有一句名言:"有人告诉我,我放在书中的每一个方程都会使本书的销售量减半,为此我决定一个方程也不用。"

霍金在书中没有用一个方程,但《时间简史》由于研究领域的高深,也没有多少人能真正看懂。尽管如此,对霍金通俗化的努力，我是深怀敬意的。虽不能至，心向往之。我一直以为，学问的最高境界是“极高明而道中庸”。自己的学问尽管极不高明，但把复杂的理论研究变得雅俗共赏，一直是自己教学科研中的追求目标。

现在回过头来审视本书，发现离我一直坚持的标准有很大的差距。有些章节因应用过多的数学工具就显得“高深”有余而通俗不足，有怕别人批评自己理论功力不足故作高深之嫌。我几次想做一些改进，但由于时间和精力等方面的原因未能实现，希望得到有识之士的批评匡正。

本书的研究样本是地方高等学校，书名中的地方高校突发事件应急管理能力是一种组织能力。而任何组织无疑都是由人组成的，组织能力的提高是建立在组织成员水平提高之上的。因此，高校相关人员的突发事件应对能力提高是地方高校突发事件应急管理能力提高的逻辑延伸。我希望本书能成为引玉之砖，期待有更多的专家学者投身于高校及其相关人员突发事件应急管理能力提高的理论研究之中，为高校特别是地方高校的稳定作出应有的贡献。

是为序。

姚书志

2016 年 2 月 26 日

# 目录

# 1 绪论

## 1.1 选题背景与研究意义

### 1.1.1 选题背景

改革开放以来，我国国民经济与社会发生了翻天覆地的变化，正如哲学上的“二律背反”所揭示的，许多事情的正题必然伴随着自己的反题，在经济社会高速发展的同时也带来了一些问题。特别是21世纪以来，改革进入了深水区，各类突发事件频发。例如，2003年的“非典”事件、2006年的高致病性禽流感疫情、2008年的南方雨雪冰冻灾害、2008年的汶川大地震、2009年的新疆“7·5”暴力事件、2010年的南方水灾和西南旱灾、2013年的H7N9禽流感事件，等等。这些突发事件一方面给人民带来了巨大的财产损失和人身伤害，另一方面可能诱发更大的政治和社会冲突。如何管理这些突发事件，就成为十分紧迫并且具有重大现实意义的问题。

自2003年“非典”事件之后，我国政府部门开始重视对突发事件的应急管理①。其中有几个标志性事件:中国疾病预防控制中心开始建设;2003 年 10 月正式实施《突发公共卫生事件应急条例》;2003 年 10 月召开的党的十六届三中全会也明确指出要“建立健全各种预警和应急机制,提高政府应对突发公共事件和风险的能力”②;2003 年 12 月在北京举行了中国首届政府应急管理国际论坛。随后,我国又出台了多项关于应急管理的法律、法规、条例以及其他相关的文件。其中,国务院 2006 年颁布的《国家突发公共事件总体应急预案》具有重要意义,它是一部全国应急预案的总纲,对指导和规范全国各地区、各级政府和相关部门预防和处置各类突发公共事件有着重大作用;在此基础上,政府进一步加强了对基层应急管理工作的指导,2007 年 7 月出台了《国务院办公厅关于加强基层应急管理工作的意见》,致力于提高基层预防和应对突发公共事件的能力;2007 年 8 月,第十届全国人民代表大会常务委员会第二十九次会议审议通过了《中华人民共和国突发事件应对法》,并于 2007 年 11 月 1 日正式实施。2007 年 10 月,党的十七大把社会建设提高到与政治、经济、文化建设同等重要的地位加以强调,并明确要求“完善突发事件应急管理机制”。各部门、行业根据中央要求和相关法律法规,从自身不同的特点和角度出发,建立了各自的应急管理系统,制定了具体的突发事件应急预案。至此,全国自上而下初步形成了突发事件应急管理系统。

特别是 2012 年 11 月,党的十八大进一步提出“加快形成源头治理、动态管理、应急处置相结合的社会管理机制”。各行业对应

① 陈安,赵燕.我国应急管理的进展与趋势[J].安全,2007(3):1-4.

② 中共中央关于完善社会主义市场经济体制若干问题的决议[M].北京:人民出版社,2003.

急管理更加重视。2014 年 10 月,党的十八届四中全会通过《中共中央关于全面推进依法治国若干重大问题的决定》之后,高等学校治理提上了议事日程,由管理向治理的转变进展很快。教育行政部门,特别是各高校依法治校的意识明显增强,应对突发事件的能力明显提高。教育部于 2014 年印发的《高等学校辅导员职业能力标准(暂行)》中将"危机事件应对"列为辅导员必备的九项能力要求之一,标志着高校突发事件应对问题已从宏观要求深化到实质操作阶段。

与突发事件应急管理实践快速发展和不断深化相伴随,相应的应急管理理论需求也在迅速增加。国家面对这一新形势,抢抓机遇,在突发事件应急管理的技术攻关、应用研究和体系建设方面设置了相应的规划项目①,在应急平台体系的研发和建设方面也投入了巨大的物力财力②。例如,2009 年国家自然科学基金委启动了"非常规突发事件应急管理研究"重大研究计划,截至 2011 年,该重大研究计划累计资助了"培育项目"52 项,金额为 1 870 万元,"重点支持项目"15 项,金额为 2 370 万元,"集成项目"3 项,金额为 2 400 万元③。2012 年又继续资助了"重点支持项目"8 项,金额为1 600万元,"集成项目"1 项,金额为 1 500 万元④。另一方面,通过项目带动,我国在应急管理研究方面的人才队伍培

---

① 范维澄.国家突发公共事件应急管理中科学问题的思考和建议[J].中国科学基金,2007(2):71-76.

② 张辉,刘奕.基于"情景—应对"的国家应急平台体系基础科学问题与集成平台[J].系统工程理论与实践,2012,32(5):947-952.

③ 钟永光,毛中根,翁文国,杨列勋.非常规突发事件应急管理研究进展[J].系统工程理论与实践,2012,32(5):912-918.

④ 国家自然科学基金委"非常规突发事件应急管理研究"重大研究计划 2012 年度项目指南[EB/OL].http://www.nsfc.gov.cn/Portal0/InfoModule_396/48849.htm.

养也得到了加强。

在全社会突发事件频繁出现的情况下,高校作为社会的有机组成部分,实在难于置身事外,独善其身,各类突发事件也呈现迅速增长的态势。如2003年西北大学因日本师生在晚会上公开侮辱中国人并引发上千名学生在校园及市中心示威的事件,2004年云南大学的马加爵案,2013年复旦大学投毒事件等。这些只是形成全国影响的较重大事件,没有形成重大影响的高校突发事件可以说时有发生。这些高校突发事件,成因复杂,影响深远,涉及面广,对高校稳定和安全构成了极大的威胁,对高校管理也带来了极大的警示,要求我们在重视学生日常管理的同时,还要重视突发事件的防范和解决。高校突发事件导致的危机状态不仅威胁学校内部正常教学、管理和师生生活秩序,而且会严重损害高校的外部形象和声誉,进而影响相关高校的改革、稳定和发展,甚至会对和谐社会及社会安定造成重大影响。

高校突发事件既有社会突发事件的普遍规律,也日益呈现出高校独有的特点。从管理体制来看,我国高校实行的是两级管理体制。归中央政府或委托相关部委管理的高校,为国家部委属高校,这些高校多是“985工程”“211工程”建设高校,都享受高于其他高校的特殊政策。属于省级政府管理的高校被称为地方高校。尽管两级政府权限不同,造成所管高校在享受政策上差异较大,但在本质上两级政府都把高校当成没有行政权力的行政部门来看待,致使高校至今没有形成自己独立的法人治理结构,现代大学制度的建成还任重而道远,形成高校行政化问题。高校行政化的直接后果是:高校一旦发生突发事件,作为上级主管部门的中央和省级两级政府,自然不自然地把高校当成行政部门来看待,在处置的过程中,行政命令多,柔性化政策较少,难免出现严重忽视高校特点,忽视高校突发事件独特性的问题,直接影响到应急管理的效果。高校在处置突发事件时,也习惯于盲目照搬政府部门的做法,习惯于贯彻执行上级行政部门的命令,习惯于以行政命令的方法和手段来简单化地思考问题并解决问题,没有形成也很难形成一套符合高校实际的规范性、可操作性、预防为先并行之有效的机制,没有形成也很难形成基于理性认识的新的稳定逻辑和治理思路。

其实,高等学校的职能和人员组成决定了其突发事件的性质有别于社会其他部门的突发事件。人才培养、科学研究、社会服务和文化引领有其自身独特的规律,而且高校人员密集,学历及知识层次高,青年学生思想不成熟、易情绪化等特征使得高校的突发事件应急管理更有别于常规。因此政府及高校都对高校可能出现的突发事件,尤其是对于具有隐蔽性的高校突发事件缺乏防范意识,没有形成突发事件预防、处理和事后补救的全方位应急管理策略。另外,我国过去传统的应试教育模式的特点,惯性地使高校忽视对学生的灾难教育、突发事件教育及安全教育。突发事件应急处理的实战演练又极度缺乏,应急意识十分薄弱。尽管在国家"一案三制"("一案"为国家突发公共事件应急预案体系,"三制"为应急管理体制、运行机制和法制)的推广和指导下,各高校普遍制定了应急预案,也成立了正式或临时性应急管理机构,但可操作性不强,应急机构更是形同虚设。这一切均造成了我国高校突发事件应急管理体系与策略的缺失。

地方高校具有与国家部委属高校不同的管理背景、学术地位、生源质量、文化氛围,决定了两者在处理突发事件时应该有不同的管理能力和应对策略。对地方高校而言，尽管近年来通过不断加强内涵建设，各方面都取得了长足的进步，但与国家部委直属院校相比，各方面都存在较大差距。根据《中国教育统计年鉴(2011)》，教育部、其他部委所属高校（下面统一简称部委属高校）和地方所属普通本科高校（下面简称地方高校）数量分别为73所、35所和633所，科研经费投入分别为521.9亿、105.6亿和312.6亿元①，地方高校平均科研经费投入大大低于教育部和其他部委所属院校。在社会认同方面，地方高校的社会认同度偏低。在就业方面，地方高校在全国各地招生数量十分有限，招生生源大部分来自本省区域，就业时受到地方政策及国家一些政策机制的制约，学生就业限制较多。在办学条件方面，由于师资力量、科研水平、实践条件、政府投资的限制，学校的办学条件相对薄弱，培养出来的学生综合素质能力不够强，在就业市场竞争中处于不利地位。这一系列因素导致部分地方高校突发事件类型、特征和成因都和部委属高校有较大的差异，对突发事件的管控能力也不在一个水平线上，所以应当有不同的应对策略。

以应急管理处置权为例，地方高校并没有完整意义上的处置权力。地方高校的行政隶属和自身能力决定了其在处理某些突发事件时必须依托于政府部门，地方高校在当前突发事件应急管理中更多扮演的是中间人的角色。所以，地方政府对高校突发事件预警的判断、相关政策的制定、突发事件应急管理配套硬件设施建设的投资等，都极大地影响着突发事件应急管理水平。因此，基于地方高校在基础设施、“软件”和“硬件”投入以及在对突发事件应

① 中国教育统计年鉴2011[M].北京：人民教育出版社，2012.

急管理机制和策略方面跟部委属高校差异较大的现实情况，地方高校的突发事件应急管理能力要求也应跟部委属高校有所区别。

国家提出“要以社区、乡村、学校、企业等基层单位为重点，全面加强应急管理工作”[①]。虽然在响应国家号召和迫于当前严重形势之下，国内学者已经开始重视高校突发事件应急管理研究，积累了一些研究成果和操作性经验，但由于起步较晚，我国高校特别是地方高校突发事件应急管理的研究仍处于不断探索阶段，与发达国家、地区相比，存在较大差距。

长期以来，特别是近十年来，国家对包括高校应急管理在内的大学生思想政治教育给予了高度重视，相继出台了《中共中央 国务院关于进一步加强和改进大学生思想政治教育的意见》(中发〔2004〕16号)等文件，教育部、卫生部、共青团中央也出台了《进一步加强和改进大学生心理健康教育的意见》《我国教育公共突发事件总体预案》等文件，国家及教育部也连续将高校突发事件作为哲学社会科学重大课题来研究。相关文件的下发，相关论坛的召开，既为高校应急管理敲响了警钟，也为学习与合作提供了平台。

尽管有国家的重视和研究人员的努力，但毕竟只有短短的十年时间，国内学者对高校突发事件的研究基础还十分薄弱，没有形成完整的理论体系框架，基于科学理论的实证研究匮乏，针对地方高校突发事件应急管理的研究几乎没有。因此，响应国家号召，研究领域重心下移，针对地方高校突发事件应急管理开展研究，不仅

---

① 国务院关于全面加强应急管理工作的意见[N/OL].[2006-07-06].http://www.gov.cn/gongbao/content/2006/content_352222.htm.

是维护高校改革发展稳定的需要,也是维护国家长治久安的需要。

### 1.1.2 研究意义

突发事件是影响高校安全稳定的重要因素。一旦发生,必然直接或间接地影响高校的正常运行,威胁高校的发展,为高校带来显性或隐性的损害,甚至是严重危害。从长远来看,高校突发事件还会危及学生的心理状态、价值取向及行为方式。而地方高校相对部委属高校,在突发事件应急管理方面,更加缺乏行之有效的对策、充足的资源和适当的控制措施。突发事件高频率地发生更凸显出加强地方高校应急管理的迫切性。对于突发事件及应急管理的研究已成为高校管理者不得不面对的课题。加强和改进地方高校突发事件的应急管理工作,对于保证高等教育事业的健康发展、维护高校的安全稳定、构建校园的和谐环境,都具有重大的理论意义和实践意义。

理论方面,尽管目前学界对高校突发事件应急管理进行了相关的研究,对突发事件的类型、特征和成因等进行了分析,但由于这些研究忽视了不同类型层次高校之间的差异性特征,抽取样本基本上以部委属高校为主,研究方法上存在以大代小、以偏概全的缺陷,从地方高校角度展开的研究非常匮乏;且对突发事件的类型、特征和成因分类标准界定不清甚至混淆,对突发事件应急管理能力评价的研究方面缺乏理论基础。因此,本书从地方高校突发事件的类型、特征和成因方面展开研究,建立了地方高校突发事件类型、特征和成因的机理模型,为全面、科学地分析突发事件应急管理能力奠定了理论基础,对丰富和完善地方高校突发事件应急管理理论具有重要意义。

实践方面，本书建立起地方高校突发事件应急管理能力评价体系，对地方高校评估突发事件的应急管理能力具有指导意义，有助于地方高校找出在突发事件应急管理工作方面存在的问题和不足，改善和提高其对突发事件的应急管理能力；同时，为政府相关部门检查和评估地方高校应对突发事件的管理能力提供依据，有助于政府合理制定相关政策，推动和促进地方高校突发事件应急管理工作取得更大进展。

## 1.2 研究思路、方法与结构

### 1.2.1 研究思路

本书将以应急管理理论为指导，以高校应急管理的研究对象——地方高校突发事件为出发点，在对国内外研究现状综述的基础上，分析地方高校突发事件类型、特征及成因，研究其内在机理；以此为基础，构建地方高校突发事件应急管理能力指标体系，并通过问卷调查，运用因子分析法和相关性分析，检验应急管理能力指标体系；运用 AHP 法、熵值修正法、多层次模糊评价法等方法构建地方高校突发事件应急管理能力评价指标体系模型；从地方高校应对外界相关体和对内应急管理建设两大方面提出地方高校应急管理策略，以期更加全面、系统地对加强高校突发事件应急管理提出对策建议；最后，通过案例进一步进行分析研究，作为应急管理能力评价指标体系模型的实证应用。

本书所做研究的技术路线图如图 1.1 所示。

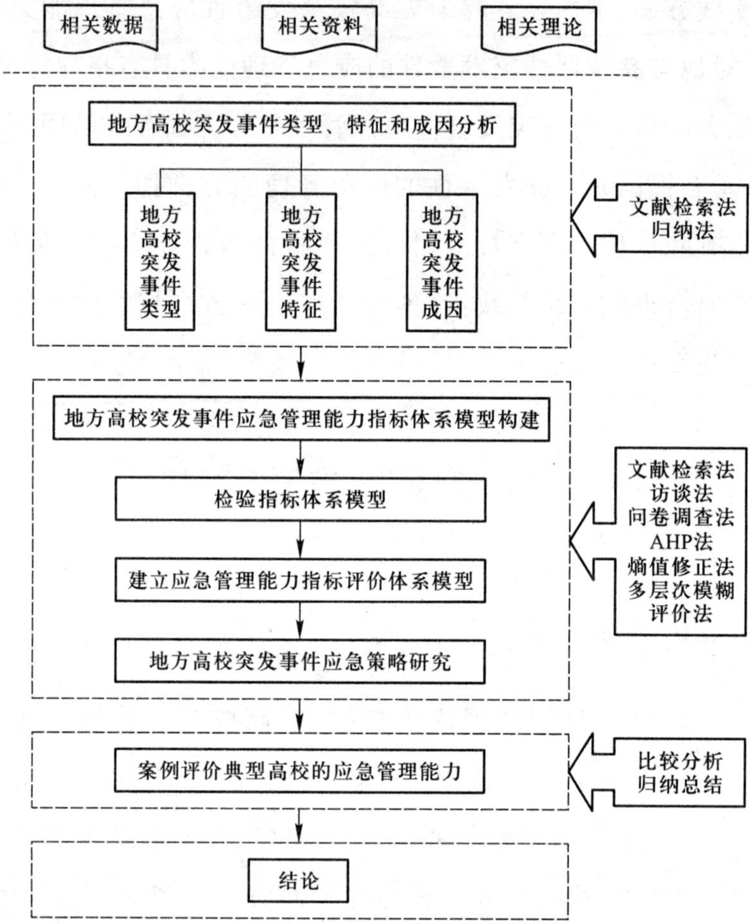


图 1.1　技术路线图

### 1.2.2　研究方法

国内外研究现状综述。查找相关资料，采用文献分析和归纳研究的方法，对地方高校突发事件、应急管理、应急管理能力概念进行界定，并对国内外高校突发事件的类型、特征、成因、应急管理机制、应急管理能力评价和应急管理策略进行综述，评述当前国内外研究存在的不足，提出本书的研究方向。

地方高校突发事件类型、特征与成因分析。针对地方高校的特点，搜集整理并系统梳理地方高校突发事件的类型及形成原因，采取文献分析法研究地方高校突发事件的类型、特征、成因和内在机理。

地方高校突发事件应急管理能力指标体系构建。通过文献分析、访谈、调查问卷检验地方高校突发事件应急管理能力指标构建的合理性，确定高校突发事件应急管理能力的指标体系。再通过层次分析法、熵值修正法和多层次模糊评价法对高校突发事件的应急管理能力建立评价模型。

地方高校突发事件应急管理策略研究。主要采取文献研究法、比较研究法等，通过查阅大量的文献资料，在占有一定资料的基础上，学习和借鉴政府公共危机管理和其他行业群体性突发事件应对防范的经验和模式，根据应急管理能力指标体系，针对地方高校突发事件应对策略中存在的问题，对地方高校突发事件的防范机制、应对处置机制、应急对策等进行理性思考，并提出具体的策略。

地方高校突发事件应急管理能力的典型案例研究。通过对三所高校发放调查问卷，收集数据，对地方高校突发事件应急管理能力进行实证分析，运用多层次模糊评价方法对三所高校的应急管理能力进行评价，得出比较结果。

### 1.2.3 章节结构

全书共分八章。章节结构如下：

第 1 章，绪论。主要阐述选题的研究背景、研究意义、研究思路和研究方法，搭建全书的基本框架结构。

第2章，国内外研究现状综述。分析国内外学者对高校突发事件类型、特征、成因和应急管理机制、能力评价和策略的研究，分析现有研究存在的不足，为梳理地方高校突发事件类型、特征和成因的机理及突发事件应急管理能力评价提供铺垫。

第3章，地方高校突发事件类型、特征与成因分析。在比较分析基础上，对地方高校突发事件、应急管理和应急管理能力概念进行界定；对地方高校突发事件的类型、特征进行阐述，分析突发事件的成因，揭示地方高校突发事件成因机理。

第4章，地方高校突发事件应急管理能力指标体系构建。根据地方高校突发事件类型、特征和成因，采用文献、访谈和问卷调查法，按照突发事件应急响应程序构建各应急管理能力指标，对各指标进行详细阐述；通过问卷调查、实证检验的方法对应急管理能力指标体系构建的合理性进行检验。

第5章，地方高校突发事件应急管理能力评价模型。对各指标制定评价标准，运用AHP法和熵值修正法对各指标的权重进行计算，通过多层次模糊评价法建立应急管理能力评价模型。

第6章，地方高校突发事件应急管理策略。在地方高校突发事件类型、特征与成因分析及构建应急管理能力指标体系的基础上，从地方高校应对外界相关体及外界相关体自身方面、地方高校内部硬件设备和应急管理能力的提升两大方面提出应急策略。

第7章，典型案例分析。选取A、B、C三所典型地方高校作为案例研究对象，在简述三校突发事件应急管理现状的基础上，运用建立的突发事件应急管理能力评价模型，对A、B、C三所典型地方高校突发事件综合应急能力进行评价，并针对A、B、C三所典型地方高校突发事件应急管理能力中存在的薄弱环节提出具体的对策和建议。

第 8 章,结论与展望。主要对全书进行总结,并且指出需要进一步研究的问题。

# 2 国内外研究现状综述

地方高校突发事件应急能力的研究尽管有着重大的理论意义和紧迫的现实需要，但整体研究历时短暂，成果有限。国外关于高校突发事件的研究于20世纪80年代才开始，仅30年左右的时间；国内尽管于20世纪90年代中期开始引进教育危机的概念，但真正开始实质性的高校突发事件应急管理研究，却始于2003年“非典”蔓延之后，尚处于引进消化阶段，多集中于定性概念的辨析，而且截至目前仍没有对高校进行分层研究，针对地方高校的研究依然鲜见。由于高校突发事件是一般社会突发事件的有机组成部分，高校突发事件应急管理研究是一般社会突发事件应急管理理论在高校的具体运用，因此，在本章中，对国外的综述尽管也涉及高校突发事件，但将综述范围扩展到一般社会的突发事件；将国内的综述对象基本限定在高等学校突发事件，对其类型、特征、成因、应急管理能力、应急管理策略等进行全方位梳理分析，将能收集到的资料尽量全部收齐，以期为本书的研究奠定坚实的基础，开辟进一步深化研究的方向。

## 2.1 国外研究现状

国外关于突发事件应急管理（包括高校）的研究较多并取得

了一些成果。本节从四个方面分别对国外高校突发事件应急管理的研究展开综述,一是突发事件应急管理的研究;二是突发事件应急管理的评价研究;三是提高突发事件应急管理能力的对策研究;四是校园突发事件的应急管理研究。

突发事件应急管理的研究方面。近年来,具有代表性的观点有:U. S. Senate①、Waugh② 研究表明,虽然2005年卡特里娜飓风破坏力非常巨大,但大部分财产损失与人员伤亡是由于政府应对这种大规模突发事件的失败所致。应对突发事件涉及周密的计划与组织,需要强调应急管理的重要性。Miske③ 描述了红十字会等非营利志愿者组织在突发应急事件中的必要角色;Williams④ 强调,缺少必要培训是突发事件应急反应计划失败的重要原因,任何人都需要接受基本的应急培训,培训包括基础培训和拓展培训两个层次。Paeka 和 Hilyard⑤ 基于行为健康和媒介效应理论,认为应急者的自我效能感、主观行为规范、应急消息发布与他们所占有的应急资源和应急准备阶段正相关。Koliba、Mills 等⑥研究了治理卡

---

① U.S.Senate.Committee on Homeland Security and Governmental Affairs.Hurricane Katrina:A Nation Still Unprepared[M].Washington,DC:Government Printing Office,2006.

② Waugh,William L.,Jr.The Political Costs of Failure in the Katrina and Rita Disasters [J].Annals of the American Academy of Political and Social Science,2006,604(01):10-25.

③ James F. Miskel. Disaster Response and Homeland Security: What Works, What Doesn't [M].Greenwood,2008.

④ Linda Williams.Emergency Preparedness in the Midst of a Crisis [J].Nursing Homes Magazine,2006,55(06):74.

⑤ Hye-Jin Paeka, Karen Hilyard et al. Theory-Based Approaches to Understanding Public Emergency Preparedness: Implications for Effective Health and Risk Communication [J].Journal of Health Communication:International Perspectives,2010,15(04):428-444.

⑥ Koliba,C.J.,Mills,R.M.,Zia.Accountability in Governance Networks:An assessment of Public, Private, and Nonprofit Emergency Management Practices Following Hurricane Katrina [J].Public Administration Review,2011,71(02):210-220.

特里娜飓风的失败案例，考虑了危机治理网络的多尺度和多部门特征，围绕民主、市场、行政三方面提出了一种问责模式。Dilek 和 Erman[①] 总结了学者们对应急管理关键因素的研究，从技术因素、文化因素、社会经济因素、政治因素、组织因素、风险因素提出了应急管理关键因素模型，并对各因素进行了细分。

突发事件应急管理的评价方面。Zane、Bayleyegn 等[②]通过统计调查研究，评估了飓风艾克对加尔维斯敦市社区家庭的影响以及当地公共健康部门的应对情况，结论表明，有关部门应加强减少飓风造成损失的公共教育。Cornell 和 Gregory[③] 采用准实验研究法对采用《弗吉尼亚学生威胁评估准则》的高中进行评估，认为该准则使校园暴力发生率降低了 76%。Eileen、Stephanie 等[④]回顾了校园应急计划方面的文献，发现校园环境中的独特需求没有引起足够的重视，并认为关于大学校园突发事件方面的评估研究处于初期阶段，他们建立了一个用于评估大学管理与降低校园威胁的模型。Borum、Cornell 等[⑤]认为威胁评估作为一种很有效的战略方

---

① Dilek O, Erman C. Defining critical success factors for national emergency management model and supporting the model with information systems [C].Proceedings of the International ISCRAM Conference, Washington, DC, USA: 2008.

② David F. Zane, Tesfaye M. Bayleyegn et al. Community Assessment for Public the Emergency Response following Hurricane Ike [J].Prehospital and Disaster Medicine, 2010, 25 (06): 503-510.

③ Cornell, D.G., Gregory, A.Reductions in Long-term Suspensions following Adoption of the Virginia Student Threat Assessment Guidelines [J]. NASSP Bulletin, 2011, 95(3): 175-194.

④ Eileen Weisenbach Keller, Stephanie Hughes et al.A Model for Assessment and Mitigation of Threats on the College Campus [J].Journal of Educational Administration, 2011, 49 (01): 76-94.

⑤ Randy Borum, Dewey G.Cornell et al.What Can Be Done About School Shootings? A Review of the Evidence [J].Educational Research, 2010, (19): 27-37.

法，需要进一步的研究，他们概括了校园需求，为预防和减少枪击事件发展了校园危机应急计划。Henstra① 借鉴相关研究文献，筛选出高效地方应急管理程序的 30 个要素，并将这些关键要素整合形成框架，为应急管理程序的评价与实施提供了一个方法。Simpson 和 Katirai② 认为可以使用指标来衡量应对灾难的准备情况，他们提出一套灾难准备指数用于评估灾难应对的准备质量。How 和 Tom③ 也介绍了一种关于灾害应急能力评估的索引系统。澳大利亚学者④从备灾措施、减灾措施、应急反应措施、灾害风险评估、灾害政策制定、灾后评估、短期救济措施、长期救济和恢复措施等八个方面建立了应急能力评价体系，并运用评估体系研究了澳大利亚政府在应急管理措施方面存在的优点和不足。Jackson、Sullivan 等⑤描述了应急响应系统的可靠性分析流程，提出评估应急响应系统的方法，并以一个案例进行验证。

---

① Henstra D. Evaluating Local Government Emergency Management Programs: What Framework Should Public Managers Adopt? [J]. Public Administration Review, 2010, 70(02):236-246.

② Simpson, David M., Matin Katirai. Indicator Issues and Proposed Framework for a Disaster Preparedness Index [J]. Working Paper, Center for Hazards Research and Policy Development, University of Louisville, 2006, no.06-03.

③ How, S.S., Tom, R.A Fuzzy-logic-based Approach to Qualitative Safety Modeling for Marine System [J]. Reliability Engineering and System Safety, 2001, 73(01):19-34.

④ Natural Disasters in Australia: Reforming mitigation, Relief & Recovery Arrangements-A report to the Council of Australian Governments by a High Level Official' s Group [EB/OL]. Department of Transport & Regional Services, http://www.ema.gov.au/, 2002-08.

⑤ Jackson, B. A., Sullivan Faith. Are We Prepared? Using Reliability Analysis to Evaluate Emergency Response Systems [J]. Journal of Contingencies and Crisis Management, 2011, 19(03):147-157.

提高突发事件应急管理能力的对策方面。Alexander①、Perry 和 Lindell② 认为应急计划应该是一个持续不断的过程,他们提出一套应对灾难计划的通用准则。Waugh 和 William③ 表示,成功的应急管理必须重新建立应急管理署与州、地方的合作关系,同时调动公众、志愿者、非政府组织等多种力量的积极性,单纯依靠政府力量难以应对突发事件。Lindell 和 Perry④ 认为最基本的应急准备要素是拥有一个应急计划,该计划是突发事件决策的操作手册,内容包括指定专家、明确操作流程、为协调应急者提供指导。Waugh 和 William⑤ 研究表明应急资源可能快速耗竭,地方政府需要与邻近社区建立互助协议,当应对灾难过程中超出自身应急能力时,可以借入设备和人员。Edwards 和 Goodrich⑥ 认为理想情况下,应急管理人员最好是全职工作者,专门负责应急管理,但实践中可将应急管理的协调功能指派给一位官员作为次要责任人。Bigley 和 Roberts⑦,Rabasa 和

---

① Alexander,David.Principles of Emergency Planning and Management [M].New York:Oxford University Press,2002.

② Perry, Ronald W., Michael K. Lindell. Preparedness for Emergency Response: Guidelines for the Emergency Planning Process [J].Disasters,2003,27(04):336-350.

③ Waugh,William L.,Jr.The Political Costs of Failure in the Katrina and Rita Disasters [J].Annals of the American Academy of Political and Social Science,2006,604(01):10-25.

④ Lindell,Michael K.,Ronald W.Perry.Planning and Preparedness,Emergency Management:Principles and Practice for Local Government [M].ICMA Press,2007.

⑤ Waugh,William L.EMAC, Katrina, and the Governors of Louisiana and Mississippi [J].Public Administration Review,2007,67(01):107-113.

⑥ Edwards,Frances L.,Daniel C.Goodrich.Organizing for Emergency Management,Emergency Management:Principles and Practice for Local Government [M].ICMA Press,2007.

⑦ Bigley Gregory A,Roberts Karlene H.The Incident Command System:High Reliability Organizing for Complex and Volatile Tasks [J].Academy of Management Journal 2001,44(06):1281-1299.

Blackwill[①]等人表示公共突发事件的应对由成立指挥中心、获取突发事件中的实时需求、派出应急响应人员、外部沟通与内部合作四个方面构成，并且随着情况的变化，四部分的具体内容要动态变动。Behera[②]界定了应对突发事件人员构成的角色和任务：感知角色负责信息获取，收集、处理并进一步整合有用信息，分析角色负责分析形势并做决策，操作角色负责战术运作，并与指挥中心外部人员沟通，信息角色负责与非突发事件管理人员交流。

校园突发事件应急管理方面。国外针对大学突发事件应急管理的研究最早始于20世纪80年代，Coombs[③]在《世界教育危机：八十年代的观点》（The World Crisis in Education：The View from the Eighties）一书中提出"高等教育危机"的概念，从宏观上阐述了高等教育危机的产生与发展，提出了世界教育界普遍存在的一些问题。自此以后，西方学者对校园突发事件及应对策略的研究明显增多，其中，Lerner[④]等人对校园暴力、意外伤害等事件展开对策研究，研究成果《校园危机反应实战指南》（A Practical Guide for Crisis Response in Our Schools）成为一套权威的校园危机综合反应计划，曾被全世界上百个国家和地区的众多学校所引用。"9·11"事件以及校园枪击案的频发，促使西方发达国家出台了

---

① Rabasa，A.，Blackwill，R.D.，et al.The Lessons of Mumbai.[DB/OL].http：//www.rand.org/pubs/occasional_papers/2009/RAND_OP249.pdf，2009.

② Raghu Santanam.Cyber Security，Cyber Crime and Cyber Forensics：Applications and Perspectives[M].IGI Global，2010.

③ Philip H.Coombs.The World Crisis in Education：The View from the Eighties[M].Oxford University Press，1985.

④ Mark D Lerner.A Practical Guide for Crisis Response in Our Schools[M].American Academy of Experts in Traumatic Stress，2003.

一系列措施加强校园突发事件方面的管理,其中以美国最为典型,例如,2003 年美国教育部下发了《危机计划实用资料:学校与社区指南》(Practical Information on Crisis Planning:A Guide for Schools and Communities),指南将应对突发事件分为危机缓解与预防、针对危机做准备、对危机的反应、危机后恢复四个阶段,并为每个阶段制定了校园突发事件应急模式。

文献研究中的代表性观点主要有:Grayson①、Kadison 和 DiGeronimo② 认为,实践中高校辅导中心不仅应对校园严重的心理健康事件,而且由于各方面的压力,该机构还承担了突发事件介入、控制和事后处理的工作。Grayson 指出,从校园社区的角度来看,高校没有任何事情比阻止故意伤害和谋杀的突发事件更重要,其中最困难的问题是如何找出潜在的行凶者。Zdziarski 和 Dunkel③,Sherwood 和 McKelfresh④ 研究表明,对于校园暴力等突发事件,虽然每一个系统的突发事件应急预案中都包含危机管理计划、威胁评估小组、危机响应小组等内容,但由于具体执行方式,实施人员不同,加之地域、环境、文化以及政治因素的约束,各种应急预案实际上应该具有较大差别。

---

① Paul A.Grayson.College Mental Health Practice [M].Taylor & Francis Group,2006.

② Richard Kadison,Theresa Foy DiGeronimo.College of the Overwhelmed:The Campus Mental Health Crisis and What to do about it [M].San Francisco:Jossey-Bass,2004.

③ Eugene L. Zdziarski, Norbert W. Dunkel. Campus Crisis Management: A Comprehensive Guide to Planning, Prevention, Response and Recovery [M]. San Francisco: Jossey-Bass,2007.

④ Sherwood, G. P., McKelfresh, D. Crisis Management Teams. In E. L. Zdziarski, N. W. Dunkel, J. M. Rollo. Campus Crisis Management: A Comprehensive Guide to Planning, Prevention, Response, and Recovery [M].San Francisco:Jossey-Bass,2007.

Moore 等①从生态系统的角度研究突发事件，认为信息系统性的交互作用遵循从微观系统扩展到外围系统，然后再到宏观系统的规律。现代高校沟通交流的渠道较多，事件易于形成并扩大到外围系统。Robinson②针对应急管理协作中学区伙伴的选择问题，依据2005年德克萨斯州飓风事件中的学区情况统计，证明学区选择合作伙伴较大程度上基于战略的差异性。Studer，Baker 等③通过调查发现，大部分学校管理者认为校园辅导员应该在突发事件的事前、事中和事后承担起主导角色，但 Wiger 和 Harowski④则认为当校园突发事件发生时，管理角色要做大量决策，而这些已超越了校园辅导员所受的训练及工作范畴。

在应对校园突发事件应急管理的具体实施方面，国外一些校园采用了学者提出的各种干预策略，例如，创建一个关爱校园社区（Smith and Sandhu⑤），为学生在心理和情感方面提供咨询服务（Cornell and Sheras⑥）等。有些校园甚至通过安排警察并设置金

---

① Moore S, Wallington T. Diversity of Current Ecological Thinking: Implications for Environmental Management [J]. Environ Manage, 2009, (43): 17-27.

② Scott E Robinson. School District Partner Choice in Emergency Management Collaboration [J]. Risk, Hazards & Crisis in Public Policy, 2011, 02(02): 1-17.

③ Studer, J.R., Baker, C., &, Camp, E. The Perceptions of the Roles of Professional School Counselors and School Psychologists as Perceived by Educators [M]. Manuscript Submitted for Publication, 2009.

④ Wiger, D.E., Harowski, K.J. Essentials of Crisis Counseling and Intervention [M]. Hoboken, NJ: John Wiley & Sons Inc., 2003.

⑤ Smith, D.C., Sandhu, D.S. Toward a Positive Perspective on Violence Prevention in Schools: Building connections [J]. Journal of Counseling and Development, 2004, (82): 287-293.

⑥ Cornell, D.G., Sheras, P.L. Common Errors in School Crisis Response: Learning from Our Mistakes [J]. Psychology in the Schools, 1998, (35): 297-307.

属探测器来应对暴力突发事件,但 Crepeau-Hobson et al.①认为,虽然校园突发事件的预防很重要,但某些措施不但没有降低校园暴力事件的发生率,在某些情况下,甚至还可能引发更激进的行为。Rebecca,Herbert 等②认为校园突发事件的预防策略应建立在科学研究的基础上,一般预防措施是在不确定人群中降低风险,例如减少威胁行为;识别更多的直观信息,例如确定可能实施暴力的人。另外,事件发生时,学校要有危机应对计划快速响应,将危害程度降低到最小。

## 2.2 国内研究现状

国内学者对突发事件应急管理研究起步较晚,可以说对高校突发事件的应急管理研究至今仍处于不断探索之中。与发达国家或地区高校相比,我国高校应急管理研究尚处于起步阶段。周贝隆在 1994 年提出“中国教育的危机论”的观点,标志着我国高校突发事件及对策的研究迈出了第一步。从此,国内一些高校及学者才开始涉足突发事件的研究并参与突发事件问题探讨。特别是 2003 年“非典”事件发生后,国内学者开始加大对高校突发事件的研究,成果也逐渐增多。但是国内的研究对高校没有进行分层,笼统地称为高校,鲜见专门的地方高校突发事件研究。所以,这里国

① Crepeau Hobson, M. F., Filaccio, M., Gottfried, L. Violence Prevention after Columbine:A Survey of High School Mental Health Professionals [J].National Association of Social Workers,2005,(27):157-165.

② Rebecca Bondu,Herbert Scheithauer et al.School Shootings:International Research, Case Studies,and Concepts for Prevention [M].Springer New York,2013.

内研究现状的综述不局限于地方高校，涉及的是高校突发事件的研究。

国内学者关于高校突发事件应急管理理论研究主要侧重于高校突发事件的类型、特征和成因、应急管理能力机制、评价和策略研究等方面。

### 2.2.1 高校突发事件的类型

《国家突发公共事件总体应急预案》中按照突发事件的发生过程、性质和机理，将突发事件分为自然灾害、事故灾难、公共卫生事件、社会安全事件四种类型①，国内学者以此为基础，结合高校特点，按突发事件的性质、产生的诱因、危害的变化趋势和结果、突发事件中学生的表现等不同的视阈，对高校突发事件进行了分类。

第一，基于性质的高校突发事件分类。

按照性质的不同，学者们将高校突发事件进行了分类，所分类型如表2.1所示。

**表2.1 基于事件性质不同的高校突发事件分类**

| 作者 | 将突发事件按照性质进行分类 |
| --- | --- |
| 李佐卫② | 自然灾害类、公共卫生类、政治类、学校管理类、治安安全类 |

① 国务院.国家突发公共事件总体应急预案[EB/OL][2005-08-07]http://www.gov.cn/yjgl/2005-08/07/content_21048.htm.

② 李佐卫，陈庆华，张学忠.高校突发事件的概念、类型、成因及特点探析[J].昆明理工大学学报，2004，4(2)：11-15.

续表

| 作者 | 将突发事件按照性质进行分类 |
| --- | --- |
| 于艳玲① | 自然灾害类、公共卫生类、事故灾害类、社会安全类 |
| 王鹏程② | 自然灾害类、公共卫生类、政治类、高校管理类、刑事治安类、教学类、校园网络类 |
| 王诗堂③ | 自然灾害类、公共卫生类、政治类、学校管理类、治安安全类 |
| 马德华④ | 安全类、政治类、管理类、治安类 |
| 简敏⑤ | 公共卫生类、政治行为类、日常管理类、心理建康类、暴力伤害类、招生骗局类、财政匮乏类 |
| 顾盈盈⑥ | 自然灾害类、公共卫生类、政治类、学校管理类、治安安全类 |
| 李清华⑦ | 自然灾害类、公共卫生类、政治类、学校管理类、治安安全类 |
| 李良进⑧ | 自然灾害类、公共卫生类、政治类、学校管理类、治安安全类、心理疾病类、设施安全类 |
| 吕鹏⑨ | 公共卫生类、政治类、管理类、治安类 |
| 吴建勋⑩ | 自然灾害、公共卫生、事故灾难、社会安全 |

---

① 于艳玲.高等院校应急管理体系的理论研究与实证分析[D].武汉:武汉理工大学 2010:24.

② 王鹏程.高等学校突发事件预防与应对机制研究[D] 南昌:南昌大学 2012:35.

③ 王诗堂,冷树青.高校突发事件的类型、特征及成因探析[J].湖北教育学院学报,2006,23(12):71-71.

④ 马德华.高校突发事件的特征、成因及处置方法探析[J],成都大学学报,2008,22(3):81-82.

⑤ 简敏.高校突发事件的管理缺失与机制构建[J].甘肃社会科学,2005(6):249-250.

⑥ 顾盈盈.高校突发事件成因及应对策略探究[J].高教高职研究,2011(59):183-184.

⑦ 李清华.高校突发事件成因研究[J].长春师范学院学报,2012(7):89-90.

⑧ 李良进.高校突发事件的成因、特点及预防机制研究[J].产业与科技论坛,2011,10(7):25-27.

⑨ 吕鹏.高校突发事件的概念、类型、成因及对策研究[J].科技信息,2009(14):346-347.

⑩ 吴建勋.论高校突发事件的预警管理[J].河南理工大学学报,2005,6(4):339-342.

由表 2.1 可以看出,尽管上述各位学者都是按照突发事件性质进行分类的,分类标准基本一致,但得出的结果并不统一,甚至相差较大。形成这种情况的主要原因是,分类过程中存在分类结果不符合分类原则、各类型之间界限不清晰的问题,存在互相交叉、分类细化程度不统一、层次重叠等问题。例如:财政匮乏、心理疾病等都是导致突发事件产生的原因,并非突发事件,但也被一些学者列入了突发事件的类别;又如,设施安全、日常管理、教学管理、高校管理类等类别所包含内容互相交叉、层次相互重叠等。

第二,基于诱因的高校突发事件分类。

按照诱因的不同,学者们将高校突发事件分为以下类型。

张建华[①]根据高校突发事件的人为因素、危害程度、产生的诱因进行了划分,将突发事件分为预谋类事件和偶然类事件,恶性类事件和一般类事件等,其中还提到一种发生在互联网上的虚拟类突发事件。

孙兰英(2006)[②]按照突发事件产生诱因的不同将高校突发性事件分为内部产生型、外部传入型、社会型、自然型。

谢凌凌(2010)[③]按突发事件产生的诱因不同,将突发事件分为自然因素产生的突发事件、社会和人为因素产生的突发事件。

吴建勋(2005)认为,按照诱因不同,突发事件可以分为社会政治类、学校管理类、校园治安类、安全事故类、道德缺失类和自然

① 张建华.高校群体性突发事件应急管理的问题与对策研究[D].杭州:浙江师范大学,2010.

② 孙兰英.论高校论高校突发性事件的预警教育机制[J].北京科技大学学报,2006,22(3):121.

③ 谢凌凌.从风险预警到危机干预的资源配置与整合[J].教育科学,2010,26(2):9-13.

灾害类。

也有学者按照诱因不同,将突发事件分为传染性疾病因素类、重大事件因素类、管理因素类、意外事件因素类、人际关系因素类、人为因素类和环境因素类。

高校突发事件的诱因较多,对现有研究进行归纳总结,突发事件按照诱因的不同,总体可以分为三大类,即外部环境导致突发事件类、学校因素导致突发事件类和学生自身导致突发事件类。

第三,基于变化趋势和结果的高校突发事件分类。

按照突发事件变化趋势和结果的不同,学者们对突发事件进行了分类。

李佐卫等按危害结果将突发事件分为人身和财产损失类、精神损失类、教学秩序损失和综合损失类。

潘东良①等学者按照当前现状和变化趋势是否需要警方介入作为分类标准,将高校突发事件分为无警情、轻警情、中度警情、重警情和特重警情。

汪蓉②按照突发事件可能产生危害与影响,由低到高将高校突发事件分为一般、较大、重大、特别重大四个类别。

第四,基于突发事件中学生表现的高校突发事件分类。

李佐卫和顾盈盈按照高校突发事件中学生的行为表现,将突发事件分为:情绪宣泄型、违反校规型和违法犯罪型。

中国行政管理学会课题组总结了当前发生频率较高的突发公共事件,认为高校突发事件按照诱因可以分为:招生就业类、心理

① 潘东良.学校危机的类型、特点及管理策略[J].教育科学研究,2004(8):87.

② 汪蓉.民办高校突发事件应急管理机制研究——以江西部分民办高校为例[D].南昌:南昌大学,2011.

疾患类、群体性行动类、师德与学风类和校园安全与事故类等方面[①]。

### 2.2.2 高校突发事件的特征

高校突发事件具有突发事件的一般特性，但又不同于一般的突发事件，它还具有高校群体特点赋予的独有特性[②]。由于高校突发事件的特点较多，不同突发事件表现出来的特性不同[③]，国内学者一般根据问题的重要性以及对研究分析的着眼点不同提出各自的观点。

陈安等[④]认为突发事件具有自然特性和社会特性、内在规律性和外部表现特征、社会影响和经济损失、随机性和必然性的特征。

王强[⑤]认为高校突发事件具有突发性、严重危害性、社会敏感性、主体活跃性的特征。

王诗堂认为，高校突发事件具有突发性、扩散性、危害性、持久性等特征。

周妍[⑥]认为，高校突发事件具有突发性和紧急性、高度不确定

---

① 中国行政管理学会课题.高校应急管理机制建设研究报[J].中国行政管理，2006(10)：6-9.

② 纪宝成.从"非典"防控看高校的危机管理[J].中国高教研究，2003(8).

③ 马建华，陈安.突发事件的演化模式分析[J].安全，2009(12)：1-4.

④ 陈安，迟菲.突发事件的起源、机理、特征与应急管理原则[J].科技促进发展，2010(7)：36-38.

⑤ 王强，刘建平.试论高校突发事件及其应对措施[J].陕西教育学院学报，2005，21(3)：99-101.

⑥ 周妍.陕西省突发事件应急管理的运行机理及绩效评价研究[D].西安：西安理工大学，2008.

性和多样性、时间和信息的有限性、公共性和社会性、危害性等特征。

上官艳秋等[①]认为，突发事件通常具有突然性、破坏性、蔓延性、不确定性、信息高度缺失性等特征。

吕鹏认为，突然性、破坏性、潜在性、敏感性是高校突发事件的特征。

李良进认为，高校突发事件具有突发性、后果的严重危害性、诱因的多样性和参与主体的活跃性和备受关注的社会敏感性等特征。

汪蓉经过认真梳理后认为，民办高校突发事件的特征主要包括：事件的突发性、造成后果的危害性、事件原因的多元性、社会敏感性、消极影响持久性。

王鹏程认为，高校突发事件具有突发性、紧迫性、难以控制性、严重危害性、可预防性和两面性。

一部分学者[②]将高校突发事件的特点主要归结为参与主体的特殊性、诱因的多样性、突发事件的扩散性以及处理的复杂性等；另一部分学者[③]认为高校突发事件具有突发性、敏感性、危害性、

---

① 上官艳秋，陈安.突发事件应急管理中的“可挽救性”度量评价模型研究[J].中国软科学，2009(9)：165-173.

② 冯润民.高校学生突发公共事件预警模型研究[J].统计与决策，2009(4)：54-55.

白涛，许中华.高校危机管理对策初探[J].华南理工大学学报，2005(2)：67-71.

高洪源.制度伦理与学校危机管理[J].教育科学研究，2003(1)：53-55.

王恒斌.高校群体性突发事件的预防与处置[D].西安：西北大学，2009.12.

③ 施雪华，刘耀东.中国高校应急管理的意义、问题与对策[J].公共管理变革(新视野)，2011(2)：49-52.

杨瑾.高校突发事件应急管理执行能力的评价[J].科技与管理，2008(5)：116-118.

童建福等.高等学校突发事件的应对策略[J].福建农林大学学报，2006(5)：65-67.

贾水库，吴振民，何伟.高校突发公共事件的应急管理[J].思想教育研究，2010(178)：86-88.

持久性以及群体性、蔓延性特征；还有学者[①]分析高校危机事件表现出区域边界性、影响社会性、受众单一性、诱因心理化等特点。

综上所述，可以将相关研究总结的高校突发事件特征分为两大类，一类是突发事件普遍具有的特征，另外一类是高校特定条件下突发事件具有的特征。

尽管很多学者对突发事件的类型、特征和成因都进行了相关研究，也总结了高校突发事件的类型、特征和成因，但是所有研究结果，都是将类型、特征和成因割裂起来分析，并没有研究类型、特征和成因的内在机理及其本质联系，研究缺乏系统性和连贯性。因此，导致在此基础上进行的突发事件应急管理能力分析，缺乏扎实的理论基础和依据。

### 2.2.3 高校突发事件的成因

高校突发事件产生的原因十分复杂。学者研究的出发点不同，得到的结论也有所差异。

有学者从预警管理原理出发，认为突发事件发生的主要原因是人—机—环境要素的不和谐[②]。

---

① 王丽芳，王奕.我国高校危机管理的现状及对策研究[J].华北科技学院学报，2007(3)：121-123.

王丽萍.应对突发事件工作中的思想政治教育[D].重庆：重庆师范大学，2005.

李志强.高校危机管理[D].上海：华东师范大学，2006.

张耀灿.思想政治教育学前沿[M].北京：人民出版社，2006：43-46.

张志刚，艾枫月.高校和谐校园文化建设与思想政治教育[J].教育前沿，2008(3)：9-11.

② 佘廉.灾害预警管理[M].石家庄：河北科学技术出版社，2004.

也有学者[①]从行为主体的自身因素和心理因素以及防范意识薄弱等方面进行分析，认为突发事件的发生主要是因为行为主体法制意识和民主意识较差，心理失衡，大学生存在自身弱点，危机意识淡薄，沟通渠道不畅等。还有学者按照突发事件的不同性质分别分析其成因。

还有部分学者从高校管理层面、学生个人（如青年学生心理状态的特殊性[②]）和家庭教育方面对突发事件的原因进行了分析。高校管理方面，主要有危机教育缺失，法制观念淡薄、办学规模扩大，校园立法缺失等原因[③]；学生个人方面，包括学生心理状态、学习压力、工作压力、经济压力和情感压力[④]以及危机防范意识、自我保护意识弱，维权意识强，心理健康问题严重，法制观念淡薄[⑤]等。

外部主要是指学校外部环境的因素，如自然灾害，社会环境复杂，思想行为失衡，社会矛盾，新兴媒体的影响，高等教育大众化的负面影响带来的就业问题[⑥]等。

还有学者从文化的角度分析，认为东西方思想文化的冲突与碰撞以及社会大环境的影响导致了高校突发事件的产生。

---

① 谢一帆，邵泽开.我国高校应急管理的思路与方略探析[J].兰州学刊，2008(6)：185-188.

何新生.高校突发事件应急管理机制的研究[D].唐山：河北理工大学，2007.

赵方.高校突发事件应急管理研究[D].郑州：郑州大学，2006.

② 吕绍华 高校突发事件的成因和对策[J].绵阳师范学院学报，2006(3)：73-75.

③ 蒋春雷.高校突发事件的危机预警与应对策略[J].江苏科技大学学报，2008(2)：30-33.

④ 胡英芹.浅谈高校校园学生突发事件的成因[J].科教导刊，2010(31)：16-17.

⑤ 陈昕.管理学视角下的高校学生突发事件管理体系构建[J].教育界，2012(33).

⑥ 吕达，毛铖.高校突发事件方法与处理机制研究[J].领导科学论坛，2012(8).

因此，归纳总结当前学者的研究成果，并将其逻辑化、体系化，高校突发事件的成因可以概括为两个领域、三个方面，即内部领域、外部领域和学校方面、学生方面、外部环境方面。

### 2.2.4　高校突发事件应急管理能力评价

应急管理能力评价指标体系是测度突发事件应急管理能力的重要依据，因此，构建一套系统科学的应急管理能力评价指标体系，对应急管理的研究有着举足轻重的作用。尽管我国目前尚未有官方公布的评价体系，但国内学者对应急管理能力评价的问题仍给予了高度的关注。

构建突发事件应急管理能力评价指标体系，主要涉及三方面内容，一是指标的选取，二是指标权重的设定，三是指标的打分。

郭文①通过专家咨询、问卷调查形式确定了基于应急事件研究管理、基础保障、应急预警、快速响应、应急事件处置等 5 种能力的 19 个指标，并运用 AHP 法确定了权重。

韩正强②以极值理论为分析工具并应用随机 Petri 网，分别构建了应急过程可靠性分析模型和应急过程执行时间的评价模型。

杨瑾采用校正—补偿评价法和基于专家群评价的模糊综合评价方法，构建了一套高校应急管理执行能力评价体系，用实例说明其操作方法，并证明该方法具有量化评估能力。

陈伟珂③基于应用霍尔三维结构模型，通过对时间、逻辑和知

---

① 胡琳，朱建军，方静，郭文．高校应急管理能力的综合评估研究［J］．中国校外教育，2010(8)：211-212.

② 韩正强．突发事件应急过程能力评价研究［D］．武汉：华中科技大学，2011.

③ 陈伟珂，张力英．高校突发公共事件应急管理能力评价研究［J］．中国安全生产科学技术，2011(11)：92-96.

识三个维度的分析，建立了高校突发事件应急管理能力水平评价指标体系。利用序关系分析法确定指标权重，专家打分确定各指标分值。

田依林①运用层次分析法、多层次模糊综合评价法、专家评判法、熵权法、平衡记分卡等方法，构建了城市突发公共事件应急管理能力综合能力评价指标体系多层次模糊评价模型，对我国某个城市综合应急管理能力进行了实证分析。

王湛②在综合研究文献的基础上，选取了国外具有代表性的15套应急能力评价指标体系共计174个指标，并统计出现频率在4次以上的前99个指标，以此为基础，参考王文娟③对国内应急能力指标体系相关文献的统计结果，构建了我国应急综合能力评价指标体系。

冯润民④采用多层次模糊综合评价法对当前时点的校园稳定状况进行了评价，并引入马尔科夫转移矩阵，对未来校园稳定状况作出预测，进而对高校学生突发公共事件进行预警。由于马尔科夫过程是一类随机过程，它反映的变化过程与事物的近期状态有关，比较适用于短期过程的预测，而学生突发事件的发生和变化是一种复杂系统，对其风险进行长期预测的价值不明显。

① 田依林.城市突发公共事件综合应急能力评价研究[D].武汉:武汉理工大学，2008.

② 王湛.突发公共事件应急管理过程及能力评价研究[D].武汉:武汉理工大学，2008.

③ 王文娟.突发公共卫生事件政府应急能力指标体系研究[D].大连:大连理工大学，2006.

④ 冯润民.高校突发事件管理中预警机制的构建[J].思想理论教育，2007(7):164-168.

张晓鹏[①]在平衡计分卡分析框架的基础上，从管理系统结构的角度，从管理支撑系统、社会满意程度和系统学习能力、预警系统、处理系统、恢复系统等 6 个方面构建了能力评价体系。利用熵值法和 CTRIC 法组合确定权重，

胡琳、朱建军等人从应急预警能力、基础保障能力、快速响应能力、应急事件处置能力、应急事件研究管理能力五个方面建立了综合的高校应急管理能力评估指标体系，提出了基于多属性决策方法建立高校应急管理能力评估模型，并综合信息熵法和层次分析法等方法确定高校应急管理能力评估的指标权重，又根据高校应急管理能力评估模型，分析评估了南京 5 所高校的应急管理能力差异。

杨斌、熊万玲、杜芳芳[②]构建出包括 3 个一级指标，10 个二级指标和 33 个三级指标的高校应急管理全过程能力综合评价指标体系，并采用了模糊层次综合评价方法对其进行评价。

马茂冬[③]征求专家意见，采用 Borda 法，确定评估指标的权重，并运用模糊层次综合评价方法对其进行评价。

刘伟[④]从不同的角度考虑将高校应急管理系统分为 4 个过程、12 个环节、30 个指标。

---

① 张晓鹏.公共危机管理系统的构建与能力评价研究[D].大连：大连理工大学，2011.

② 杨斌，熊万玲，杜芳芳.高校应急管理全过程能力评价指标体系构建研究[J].中国安全生产科学技术，2010(4)：39-44.

③ 马茂冬，韩尧，张倩.基于模糊层次分析法的应急能力评估方法探讨[J].中国安全生产科学技术，2009(2)：98-100.

④ 刘伟.高校应急管理能力研究[D].徐州：中国矿业大学，2009.

姬浩、苏兵、吕美[①]在考虑影响高校突发事件应急管理能力风险因素的基础上,建立了基于应急管理组织机制风险、应急预防能力风险、应急处置能力风险、应急恢复能力风险的高校突发事件应急管理能力评价指标体系,并运用模糊层次分析法构建模型,对陕西某高校突发事件应急管理能力进行评估。

刘庆华[②]等人运用 SMART 原则按照应急处理过程(预防与准备—处置—恢复)构建了高校应急管理能力综合评价指标体系。并利用粗糙集与灰色关联分析相结合的方法对高校应急管理能力进行综合评价。

于艳玲按照突发事件的应急管理过程,通过文献综述确定了初步指标,经过高校调研确定了指标的影响因素并对指标进行筛选,在专家指导的基础上,从预防能力、应急处置能力、恢复能力和学习能力四个维度确定最终指标,并利用层次分析法确定了指标权重,并利用优属性模糊标度分析评价高校之间突发事件应急管理的优劣。

周妍运用解释结构模型构造了突发事件应急管理主要影响因素的递阶结构模型,并据此要素分析构建出与陕西省实际情况相吻合的突发事件应急管理绩效评价体系。

尽管学者们在构建突发事件应急管理能力评价体系方面做了积极的探索,构建了不同的指标体系,对应急管理能力展开了评价,但在构建指标体系的过程中,仍存在较多问题。

---

① 姬浩,苏兵,吕美.基于风险因素的高校突发事件应急管理能力评价研究[J].西安工业大学学报,2012(7):584-589.

② 刘庆华,李巍巍,吴冲.高校突发事件应急管理能力研究[J].扬州大学学报,2012(2):81-87.

首先,在指标的选取和体系的构建方面。对于指标体系构建的依据和框架逻辑,并没有提出相关的理论基础和科学依据。并未详细交代指标体系中指标的选取过程,没有给出指标确定的依据。虽然有些学者提出基于应急管理阶段过程的指标体系,但这些阶段往往是交叉的,各阶段所需能力往往是重叠的,很难进行细分。因此,指标的选取缺乏科学性和可信性。

其次,在指标的评价准则方面。应急管理能力评价指标中,有定性指标和定量指标。对于定性指标的评价准则和赋值评价问题,存在很大争议。大多数学者采用了德尔菲法或专家会议法等主观方法进行赋值,而这部分指标评价的客观性和准确性是建立在评价者的知识水平、认识能力和个人偏好基础上的,如果专家选取不当,会给结果造成很大偏差,极大地影响最终评价结果的准确性。

再次,在应急管理评价模型构建方面。现有部分模型并未对模型中的变量进行科学的度量,部分学者虽然采用问卷调查等方法对指标进行了测度,但对收集的数据未进行信度、效度检验,科学性、合理性有待商榷。而且,单一方法建立起的模型①,未经过验证和修正,也难以保证结论的正确性。

最后,在指标权重的确定方面。很多学者采用层次分析法来确定权重,但 AHP 法的应用仍存在两个方面的问题,即准则层的

---

① 江田汉,邓云峰,李湖生.基于风险的突发事件应急准备能力评估方法[J].中国安全生产科学技术,2011(5):25-26.

冯立杰,罗慧,崔立新.突发公共事件应急管理质量评价体系研究[J].北京理工大学学报(社会科学版),2008(2):34-35.

皮祖训,刘何清.校园安全灰色关联评价模型及应用[J].中国安全科学学报,2008(6):134-140.

不同准则所包含的指标两两之间是否毫无相互影响无法确定，判断矩阵的建立结果因人而异。对于前者，还需要通过大量数据分析得出其内在联系；而对于后者，需要咨询有这方面研究经验的专家。

### 2.2.5 高校突发事件应急管理策略

国内对高校突发事件应急管理策略的研究相对丰富，且涉及方向较多。学者们认为，对高校突发事件应急管理策略的研究应该宏观理论研究与微观对策研究并举①。高校突发事件应急管理策略的制定应该充分体现高校特色和自身实际。

早期研究高校危机管理的原中国人民大学校长纪宝成结合高校抗击"非典"斗争，较早研究了高校应急管理的策略，即：迅速建立坚强有力的应急管理指挥体系，做到总揽全局，令行禁止；快速启动预案，落实各项措施，最大限度减少损失和负面影响；建立科学有效的应急管理信息系统，全面、准确、及时地收集并发布相关信息，把握舆论导向；深入细致地开展思想政治教育，是高校应对突发事件的重要法宝；突发事件逐步缓解后，及时开展恢复复原工作，努力减少并消除突发事件造成的损害。

杜海玲②认为我国高校突发事件应急管理强调的是突发事件事后的处理，是一种反馈式的管理模式。应该建立完备的组织机构、信息预警机制和信息沟通制度。

---

① 王静，叶中华.我国高校突发事件应急管理的背景、现状与趋势[J].安全，2010(1)：48-51.

② 杜海玲，杨娜.试论我国毫校危机管理[J].北方经贸，2008(3)：145-146.

王凡[①]强调了思想政治教育在高校突发事件应急管理中的作用。

姚杰等通过构造应急管理者和突发事件的动态博弈模型，确定突发事件应急管理的最优策略[②]。

刘伟、张万红[③]通过对高校应急管理能力内涵结构的过程环节分析，指出我国高校应急管理能力的预防与总结学习是目前相对薄弱的方面，提出开展突发事件风险控制与预警管理工作、建设高校突发事件信息与档案平台等，是提升我国高校应急管理能力的关键措施。

马德华通过分析高校突发事件的特征与成因，提出了处置高校突发事件的方法：未雨绸缪、区别对待、依靠基层、及时果断、不留后患。

王恒斌认为应该根据突发事件的实际情况，采取具体措施，进行妥善处置。

简敏根据学校在校园突发事件管理中的问题和缺陷的突出表现，分析认为校园突发事件管理机制的建立健全应从以下几个方面着手：(1) 建立健全预防预警机制：加强教育、实施干预、检视能力；(2) 建立健全干预处理机制；(3) 建立健全补救调适机制：积极稳妥补救、调适心理平衡。

白涛、许中华在提出了高校应急管理体系的一个基本框架的

---

① 王凡.试述高校思想政治工作在处理突发事件中的作用[J].思想教育研究，2007(2):16-17.

② 姚杰，池宏，计雷.带有潜变量的结构方程模型在突发事件应急管理中的应用[J].中国管理科学，2005，13(2):44-50.

③ 刘伟，张万红.加强我国高校应急管理能力建设的策略分析[J].中国安全科学学报，2009，19(2):132-133.

基础上，给出了高校应急管理的对策，即开展危机意识教育与培训，提高广大师生的应对能力；制定科学预案和计划；完善管理措施，提高管理水平，实现危机管理；畅通信息渠道，营造良好的沟通氛围；建立善后修复与转化机制。

中国行政管理学会课题组从组织结构方面提出了对策，强调突发事件应急管理的组织结构应向扁平化结构转变，减少应急管理组织层次，提高组织对突发事件的响应速度，并主张赋予基层单位对突发事件应急管理的适当权力。

芮鸿岩①认为编制应急预案是国家法律法规的要求，也是预防和有效处置突发公共事件，有效保障师生人身安全和财产安全，实现本质安全的需要。各高校应根据自身实际，依据国家法律政策，做好应急预案编制工作，并对应急预案编制的原则、依据和要求进行分析，最终给出了高校编制预案的 5 个具体步骤。

周巍、郭梅、刘其城②从高校突发事件的内涵和特点入手，分析了高校应急能力缺失、危机管理缺位的表现，提出了“提升管理理念，构建和谐校园；加强应急管理的法制建设，有法可依；加强高校应急策略，强化信息反馈；加强大学生的危机意识，提升大学生危机应急能力的培养，提高应急管理能力”等具体措施。

胡晓铃③认为现有的高校突发事件管理机制存在着观念滞后、制度缺失、组织无力、沟通不畅、反思不足等困境，高校应该突破现有的高校危机管理思维定势，打破高校治理一元格局，以“善

---

① 芮鸿岩.高校突发公共事件应急预案编制[J].扬州大学学报，2010(4)：11.

② 周巍，郭梅，刘其城.论高校危机应急管理能力的方法论问题[J].前沿，2010，274(20)：186-187.

③ 胡晓铃.“善治”：高校突发事件的长效治理机制研究[J].江苏高教，2012(6)：50-51.

治”理念为指导，构建高校主导、师生参与、社会协同的多元化长效治理机制，并提出了一些措施。

郭文①从充分重视应急预案的实战演练，加大投入，加强应急管理人员的教育培训，对学生的心理引导，降低事件的负面影响等方面提出了应对策略。

回顾现阶段国内关于高校突发事件应急策略的研究，成果日益丰富：有的对突发事件处置献计献策；有的对应急制度的建设和完善提出意见和建议；还有的从心理、法制、信息化等各个领域对高校突发事件应急管理提出有益建议。但总的来说，这些研究还存在以下不足：一是理论研究有余，而具体措施可操作性不强。目前的研究大多是给高校应急管理提供了一个大方向上的思路，依然拘泥于“为什么做”，而告诉高校“谁来做”“怎么做”“何时做”“从哪做”以及“用什么应急资源做”这样具有可操作性的对策和措施研究很少，而且多数措施是在应对“非典”背景条件下制定的，尽管发挥了一定的作用，但随着主客观条件发展变化，这些措施还能否适应当前高校的应急管理，有待检验；二是尽管很多学者对高校突发事件应急管理能力策略做了大量积极的研究，但其研究对象都泛指高校，并没有对高校进行具体的界定和细分。而地方高校和部属院校在学生生源、学校师资力量、学校软硬件设施、学校应急管理体系、政府投资等方面存在着很大差异，应急管理策略也应有所区别和侧重，而且只有具有较强针对性、可操作性的应急管理策略，才能在实际应急管理中发挥作用。

---

① 郭文，朱建军，胡琳，方静.基于层次分析法的高校应急管理能力评估指标权重确定[J].中国校外教育，2010(8)：217.

## 2.3 现有研究总体评述

通过上述文献研究，可以清楚地发现，学者们对高校突发事件应急管理的类型、特征、成因等相关的理论，已经做了丰富的研究，但整体上存在四方面问题。

一是没有对高校进行分层次研究。从国内学者的研究可以看出，高校突发事件及应急管理对象都泛指各大高校，并未进行严格的层次区分。从不同类型层次高校自身特点出发，展开突发事件应急管理的研究更乏善可陈。但在实际工作中，地方高校、教育部直属高校和中央部委所属高校在财政拨款、应急资源等各方面存在较大差异，导致在可能发生突发事件的特征、成因和应采取的应急管理策略等方面有较大不同，而国内针对地方高校突发事件应急管理的研究还相当缺乏，仅有一些关于民办院校突发事件应急管理[①]方面的零星研究，研究不充分，其研究结论对地方高校也不具代表性。

二是没有严格遵循基本的分类原则。科学分类是深化研究的重要途径。现有研究成果多是按照问题的重要性、相关性等不同分类原则对高校突发事件类型、特征和成因进行分类，提出各自的观点。尽管其结论在所用名词概念上有所区别，内容上却大体相

---

① 汤琼.民办高校学生突发事件应急管理机制初探——以江西民办高校为例[D].南昌:南昌大学,2010.

李晓松.黑龙江省高校突发事件应急管理体系研究[D].2009.哈尔滨:东北林业大学,2010.

李伟.基于公共危机管理视角的广州技工院校的突发事件应急管理研究[D].广州:华南理工大学,2012.

似。甚至出现分类层次交叉重叠,分类准则唯一性注意不够,分类不够周延等问题。

三是科学性、合理性有待商榷。在高校突发事件应急管理评价模型建立方面,现有部分模型并未对模型中变量进行科学的度量,部分学者虽然采用问卷调查等方法对指标进行测度,但收集的数据未进行信度、效度检验。

四是单一方法建立起的模型,未经过验证和修正,也难以保证结论的正确性。

五是应急管理策略缺乏针对性。

鉴于此,需要从地方高校突发事件的类型、特征、成因入手,研究其内在机理,以此作为研究地方高校突发事件应急管理能力的基础;并在缜密研究的基础上,搭建应急管理能力评价逻辑框架体系,科学选取突发事件应急管理能力评价指标,对选取的指标进行信度、效度和因子分析检验,以确保指标的合理性;客观地确定指标的评价准则,特别是在定性指标的评价准则和赋值方面,应充分听取政府负责地方高校应急管理的相关人员、熟悉地方高校应急管理的专家、学者和地方高校应急管理实践者的意见;在各层次指标权重设定方面,采用层次分析法初步确定权重,用熵值法对权重进行修正,以降低主观判断对权重带来的负面影响,提高其准确性;并采用多层次模糊综合评价模型对地方高校应急管理能力进行评价,依据评价结果,有针对性地提出地方高校突发事件应急管理策略。

# 3 地方高校突发事件类型、特征与成因分析

名不正则言不顺。在全面展开地方高校突发事件应急管理能力研究之前,本章首先对文中涉及的有关重要概念进行界定。在此基础上,根据国内外研究前沿和地方高校突发事件的实际,着重对突发事件的类型、特征与成因进行详细分析,并将应对策略缺失作为成因的重要补充因素进行研究,得出突发事件形成机理,为以后各章的研究提供理论基础。在成因及应对策略研究中,提出从地方高校内部、外部两个领域,学校、学生和外部环境三个层面入手的分析框架,为全文的研究提供了致思路径。

## 3.1 相关概念的界定

关于地方高校与部委属高校的异同在第一章中已有说明,这里着重对突发事件、地方高校突发事件、地方高校突发事件应急管理、地方高校突发事件应急管理能力等主要概念进行界定,以期为本书的理论探讨及实证研究提供逻辑起点。

### 3.1.1 地方高校突发事件的界定

国外文献中,与突发事件(emergency)概念相关的名词表述有危机(crisis)、风险(risk)、灾害(disaster)。但危机(crisis)一词,强调了结果的高度风险性,主要指危险与机遇并存的状态,而且突发性并不是危机事件的必然特征。

风险(risk)主要强调了事件未来的不确定性[①]。风险研究一般是指对风险社会性后果的研究,不包括对风险的商业性研究。因此风险研究多表现为对社会系统运行状况好坏的诊断与预警。风险是由危险要素和脆弱性两个因素共同决定的,并不一定会表现为突发事件,只有大于社会承受能力的风险才会变为突发事件。

灾害(disaster)则强调具体的事件。人类诞生以来就面临着抵抗灾害的斗争,在前工业社会主要抵抗的是自然灾害,进入工业社会以后,工业事故造成的灾害日益增加,灾害研究就包括自然灾害和人为灾害。自然灾害是指地震、洪涝、海啸、泥石流、森林自燃、干旱,等等。人为灾害包括人为放火、蓄意伤害以及科学技术运用中的事故,等等。也有研究按照突发事件的性质将突发灾害直接表述为飓风、地震等自然灾害。在美国,突发事件又被称为紧急事件[②]。可见灾害比突发事件的外延要窄得多,突发事件不仅包括灾难,还包括其他一些突然发生的社会性事件;反过来说,灾害只是突发事件的一种特定形式。

---

① Eugene L. Campus Crisis Management: A comprehensive guide to planning, prevention, response, and recover [M].San Francisco:John Wiley & Son, Inc, 2007.

② 吴倩,非常规突发事件应对的集群决策机理研究[D].武汉:武汉理工大学.2012:24.

国内学者在实际研究过程中,也有部分学者将“突发事件”与“危机事件”的概念等同,在研究中并不做区分①,认为“突发事件”就是“危机事件”。但实质上,这两个概念存在一定区别。我国《突发事件应对法》中将“突发事件”定义为突然发生,造成或者可能造成严重社会危害,需要采取应急处置措施予以应对的自然灾害、事故灾难、公共卫生事件和社会安全事件。而“危机事件”,则是某些具有不确定性的事件,这种事件本身或其带来的结果可能对组织及其员工、产品、服务、资产和声誉造成巨大的损害[130]。从概念可以看出,突发事件更加强调突然性,而危机事件更加强调不确定性。

对我国所有问题的认识及定义,虽然应该吸收全人类的优秀研究成果,但应符合我国相关政策法规特别是法律规定,对突发事件的描述自然也不能例外。因此,参照相关学者对高校突发事件的定义②,可以把地方高校突发事件做如下定义:在地方高等学校的校园中或者校园外突然发生,与高校中的人或事有相当联系,对高校乃至社会造成或者可能造成严重不良影响,需要采取应急处

① Sherali H D, Subramanian S. Opportunity Cost-based Models for Traffic Incident Response Problem[J].Journal of Transportation Engineering,1999(3).

唐中明,刘书平.国外突发公共事件应急管理的经验及其借鉴[J].理论研究,2010(33).

李晓丽.试论高校危机管理[J].网络财富,2010(17):70-71.

朱华桂,曾向东.监测预警体系建设与突发事件应急管理——以江苏为例[J].江苏社会科学,2007(3):231-236.

② 耿依娜.近年来国内校园危机管理研究综述[J].黑龙江高教研究,2007(12):51-54.

陈淑伟.我国公共危机管理研究的主题与视域[J].中共南京市委党校南京市行政学院学报,2007(1):47-49.

薛克勋.政府紧急事件响应机理研究[J].中国行政管理,2004(2):77-78.

Barton,L.,Crisis in organizations II [M].Cincinnati:South-Western,2001.

置措施予以应对的事件。

### 3.1.2 地方高校突发事件应急管理的界定

国际安全科学领域有一条“海恩法则”，说的是每一起严重事故的背后，必然有29次轻微事故和300起未遂征兆，而这些征兆的背后又有1 000个事故隐患。事实证明，突发事件虽然不能预见，不可能提前被消灭，但可以通过采用积极的应急管理方法和手段，达到事前降低发生率、事发时很好地应对并降低危害程度、事后减少损失的目的[①]。

应急管理尽管在突发事件研究中是处于中心地位的概念，但在学界却众说纷纭，莫衷一是。分歧首先表现在应急管理与其他相关概念的辨析上，有部分学者认为，“应急管理就是危机管理[②]”，将两个概念在研究过程中混用。国外也有部分学者将应急管理表述为Emergency Management和Crisis Response。但这两对概念实质上是有区别的。在界定清楚了突发事件和危机事件的基础上，应急管理和危机管理概念的辨析就更加容易。两者最大的区别在于管理的对象，应急管理的研究对象是突发事件[③]，而危机管理的研究对象则是危机事件。

对应急管理的内涵与外延的分歧更加严重。有的学者认为，预警是应急管理的前奏，并非应急管理的组成部分。应急管理是在损失已经造成的情况下进行的管理，只能努力减少损失或者终

---

① 陈安，朱书瑞.我国应急管理的背景与发展[J].安全，2007(4)：1-4.

② 谢迎军，马晓明，刁倩.国内外应急管理发展综述[J].电信科学，2012(12)：28-32.陈成文，蒋勇，黄娟.应急管理：国外模式及其启示[J].甘肃社会科学，2010(5)：201-206.

③ 刘新建，陈晓君.国内外应急管理能力评价的理论与实践综述[J].燕山大学学报，2009(3)：272-275.

止损失事件的蔓延①。但实质上,突发事件所造成的影响是一个动态发展的过程,应急管理应该对其未来的发展方向、影响和后果进行预测,以降低突发事件带来的影响和破坏。因此更多学者②认为,应急管理是指在应对突发事件的过程中,为了降低突发事件带来的危害,分析突发事件的起因、过程及后果,优化决策,集成社会各方面的相关应急资源,进行有效预警、控制和处理的过程。应急管理包括事故分析、机理分析、风险评估、监测监控、预测预警、决策指挥、救援处置、恢复重建等关键环节,并且广泛涉及紧急环境中人员的心理及行为③。

关于高校突发事件应急管理,学者之间也存在分歧,其中一种观点认为高校突发事件应急管理是指高校应急管理主体(即突发事件应急管理者),针对高校突发事件,进行防范、化解,保障校园秩序,维持高校师生正常学习和生活,对各类控制系统展开的管理④。

综上所述,本书将地方高校突发事件应急管理定义为:在应对

---

① 陈蓉,陈安.我国应急管理现状研究与分析(III)——过多的概念,过少的统一[J].科技促进发展,2010(5).

② 郭苗苗.非常规突发事件网络化管理研究——以汶川地震为例[D].青岛:中国海洋大学,2011.

计雷,池宏,陈安等.突发事件应急管理[M].北京:高等教育出版社,2005.

陶应勇,蒙斌.高校应急管理体系研究[J].南京理工大学学报,2009(6):104-107.

刘伟,张万红.高校应急管理与危机管理的比较研究[J].煤炭高等教育,2009(2):68-70.

陈安,李铭禄,陈宁.现代应急管理的若干理论与实践新思路[J].中国科学院院刊,2008,(23):531-537.

③ 亓菁晶.基于延缓时间的应急管理资源分配模型研究[D].济南:山东大学,2010.

④ Biekel.R.The Rights and Responsibilities of the Modem University.[M].Dutham,DC:Carolina Academia Press,1999:451-459.

地方高校突发事件的过程中，地方高校管理者或学校为了降低突发事件带来的危害，分析突发事件的起因、过程及后果，优化决策，集成校内及校外各方面的相关应急资源，进行有效预警、处理和控制的过程。

### 3.1.3 地方高校突发事件应急管理能力的界定

能力，就是指顺利完成某一活动所必需的主观条件[①]，它被解释为解决问题、完成任务的本领。能力有高低之分，但对能力高低的评价标准比较模糊，它取决于评价主体的认识和指标的选择。

应急管理能力通常是指应对突发事件的管理能力。George D. Haddow 认为，应急管理能力是关于处理和降低突发事件带来的负面后果、影响的能力，它涉及突发事件发生前的准备、突发事件的响应以及突发事件发生后的支持和社会重建的能力[②]。

范维澄和刘新建认为应急管理能力是在突发事件的过程中，为了降低突发事件的危害，达到优化决策的目的，基于对突发事件的原因、过程及后果进行分析，有效集成社会各方面的相关资源，对突发事件进行有效预警、控制和处理的能力。

刘伟从管理的过程、管理的职能和能力的要素的角度，构建高校应急管理能力的多维内涵结构模型，认为高校应急管理能力就是高校为有效应对校园突发事件而拥有的资源、知识、技能。

---

① 新华字典[M].北京：商务印书馆，2011.

② G Haddow, J Bullock, DP Coppola. Introduction to emergency management[M] Elsevier Limited, Oxford. 2008.

廖洁明①将突发事件应急管理能力界定为:在应对突发事件时以公民利益为宗旨,以法律制度为依据,运用先进技术、系统方法、科学管理等手段,高效有序地开展应急行动,力求在最短时间内将突发事件所造成的人员伤亡、财产损失和社会破坏控制在最小,保证社会生活稳定运行的一种综合处置能力。

杨斌、熊万玲、杜芳芳从高校应急管理过程(事前预防与准备、事中处置和事后恢复)的角度,将高校应急管理能力分为预防与准备能力、处置能力和恢复能力。

也有学者从管理的角度,将应急管理能力分为计划、组织、领导、控制、沟通、决策能力②。还有学者认为应急管理能力是对突发事件控制能力的一种宏观描述③。

通过对国内外学者关于这一问题的认识进行梳理和辨析,本书着重从管理职能的角度出发,结合应急管理的过程,把地方高校应急管理能力定义为:地方高校在对突发事件进行事前预防、事中处置和事后恢复的过程中,充分运用应急资源,发挥计划、组织、指挥、协调、控制等管理职能,最大化降低突发事件带来的损失和影响的能力。

## 3.2 地方高校突发事件类型

认真研究并合理确定地方高校突发事件的分类,不但对明确

---

① 廖洁明.突发事件应急管理绩效评估研究[D].广东:暨南大学,2009.

② 张国辉,吴艳,张蜜.基于灰色聚类分析的企业应急管理能力评价[J].经济数学,2011(1):94-99.

③ 蒋春雷.高校突发事件的危机预警与应对策略[J].江苏科技大学学报,2008(2):30-33.

责任、制定预案、组织实施、配置资源、科学应对具有重要意义，而且是应急管理能力研究的基础。地方高校每天发生的日常事件复杂且数量众多，在对地方高校突发事件类型进行划分时，只能考虑一些最终演变成为对高校乃至社会造成或可能造成严重不良影响的事件。对于那些最终演变成为对高校乃至社会造成或可能造成严重不良影响的突发事件，可以按照不同的分类原则，划分为很多种类型。目前国内外对于高校突发事件的分类没有统一的标准。我国按照突发事件的发生原因、机理、过程、性质和危害对象的不同，将突发事件分为自然灾害、事故灾难、公共卫生事件和社会安全事件四大类。这种划分对全国突发事件的应对无疑具有重要意义，但对于地方高校而言，针对性不强，显得有些粗糙。特别是其中的社会安全事件，包括的面太广，地方高校公共安全领域面临的情况和问题日趋复杂，既有传统的危害学校及国家安全的事件，又面临许多非传统安全因素的挑战，有必要对此进行细分。

不同的维度和视角，可以将突发事件划分为不同类型。但对应急管理而言，突发事件的性质起到了决定性作用。同一种性质的事件，尽管由于时间地点等条件不同，会有不同的表现形式，但也有相同的特征和逻辑结构，其发生、发展和结束的一般动力学行为也会表现出大致相似的规律，需要的应急管理能力也大致相同。这里的类型划分，是为了给后边的应急管理能力研究奠定理论基础和分析框架，所以本书的划分标准主要依据突发事件的性质差异。通过总结相关学者研究结论和地方高校的具体情况，按照突发事件的性质不同，可以将地方高校突发事件大致分为五类，即自然灾害类、安全事故类、公共卫生类、抵制对抗类和舆情信息类。

在上述分类中,自然灾害类、安全事故类和公共卫生类突发事件在以往研究中出现频率较高,尽管地方高校突发事件这些类型与社会其他单位相比,有自身的显著特点和不同的表现形式,但总的来说,分歧不大。而抵制对抗类和舆情信息类的划分方式很少被学者们所提及。这里之所以如此划分,主要是基于对以往关于突发事件类型划分研究成果及其不足的总结归纳。在先前研究按性质划分高校突发事件的类型时,学校管理类、心理健康类、设施安全类、政治类突发事件往往出现频率较高(见表 2.1),但这些类型从根本上讲,一方面是突发事件产生的原因,而并非突发事件,另一方面提到的不是一个层次的问题,而且存在划分原则多样的问题。比如,学校管理不当、学生心理健康发生问题、校园设施存在隐患等诸多因素都是突发事件的原因因素,而由这些原因导致的结果,诸如罢课、罢餐、自杀、自残、火灾、踩踏、游行等才是突发事件。

正是基于这样的认识,本文将按照性质重新划分类型。在参考已有研究成果的基础上,考虑到地方高校罢课、罢餐等群体类突发事件和网络谣言、爱国情绪类原因导致的突发事件逐渐呈上升趋势,且其具有一旦发生就后果严重、社会影响恶劣的特点,因此将其分别归于安全事故类、抵制对抗类和舆情信息类。其中,安全事故类突发事件更多是指按性质划分的个体突发事件,而抵制对抗类则是按性质划分的群体突发事件。

基于以上分析,本书将地方高校突发事件划分为自然灾害类、安全事故类、公共卫生类、抵制对抗类和舆情信息类(如图 3.1 所示),这样的结果既符合分类的基本原则(即:各类别所涵盖内容间没有交叉,分类细化程度一致),又体现了按性质分类的指导思想;既考虑了地方高校的实际情况,同时也与国家对突发事件的分类较为一致。

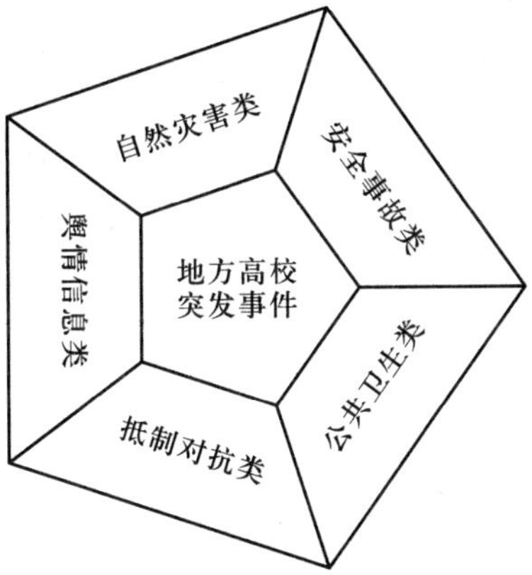


图 3.1 按性质划分的地方高校突发事件类型

一是自然灾害类。

自然灾害是指由自然因素引发的与地壳运动、天体运动、气候变化相关的灾害。局限于人类现阶段的认识能力,国内外当前对地震、海啸等自然灾害的预报水平尚无法做到及时准确,这就决定了几乎所有的自然灾害都具有突发性,容易造成人员伤亡和财产损失。针对这类突发事件,我国尽管已形成国家突发公共事件预案体系,但地方高校人员密集,为避免校园内的重大损失和伤亡,这类突发事件对地方高校自身的应急管理能力提出了更高的要求。根据地方高校地理位置的不同,其面临的自然灾害类突发事件主要包括:(1) 气象灾害:洪灾、干旱、台风、寒潮、雨雪、冰雹、高温、沙尘暴、雷击、海啸、飓风等;(2) 地质灾害:地震、泥石流、山体崩塌、滑坡等;(3) 火灾:森林火灾、草场火灾等;(4) 生物灾害:病虫害、虫害、草害、鼠害等。

二是安全事故类。

安全事故类突发事件通常是指在生产、生活中意外发生的故障、事故。地方高校安全事故类突发事件既有与社会类似事件的相同之处,又有自身独具的特征,大致可以分为以下类型:(1) 重大交通事故:师生乘坐地铁、公路、铁路、水运、民航发生交通事故;(2) 意外事故:校园溺水、触电、火灾、拥挤踩踏、爆炸、建筑物倒塌、学校体育设施管理不当造成的伤害;(3) 犯罪:流氓滋事、盗窃、抢劫、破坏、挟持、凶杀、纵火、爆炸、投毒、诈骗;(4) 学校管理:后勤供电、供水、供气、供热事故,学生骚动、试题泄漏、作弊、学术腐败、校外实习活动造成师生人身伤亡;(5) 其他:自残、自杀等师生意外受伤或死亡、出走、失踪等。

三是公共卫生类。

公共卫生事件是指突然发生的,造成或可能造成社会公众健康严重损害的传染病疫情、食品安全、群体性不明原因疾病以及其他严重影响公众健康的突发公共事件。我国食品医药安全状况堪忧,事故多发。地方高校此类事件与社会同样事件性质基本相同,应对策略也大致相同。这类突发事件分为三种情况:(1) 重大传染疫情:鼠疫、霍乱、肺炭疽、“非典”、高致病性禽流感等;(2) 群体性不明原因疾病;(3) 重大食物中毒和职业中毒。

四是抵制对抗类。

这类突发事件通常由于高校师生员工的问题无法得到及时有效解决,导致一方产生抵制情绪,进而引发的群体性对抗行为。主要包括:(1) 学生斗殴;(2) 罢课罢餐或罢工罢教等;(3) 邪教活动或黑社会闹事;(4) 非法集会、游行等。

五是舆情信息类。

这类突发事件通常与社会事件的爆发、变化和发展有关，地方高校师生员工依靠媒介，尤其是通过网络对事件信息进行获取、利用，产生消极甚至反动的群体性社会态度与行动。主要包括：(1) 网络管理类：非法入侵、窃密、施放病毒、网上攻击等；(2) 监督政府类；(3) 爱国情绪类；(4) 谣言类。

上面五分法，只是按照事件性质对地方高校突发事件作出的分类尝试。当然，不同的分类标准，可以作出不同的分类选择，可以得出不同的分类结果。按照现有的研究资料，对地方高校突发事件，还可以按照事件产生诱因、事件变化趋势、危害结果、师生行为表现等不同维度分为不同的类型（如图 3.2 所示）。

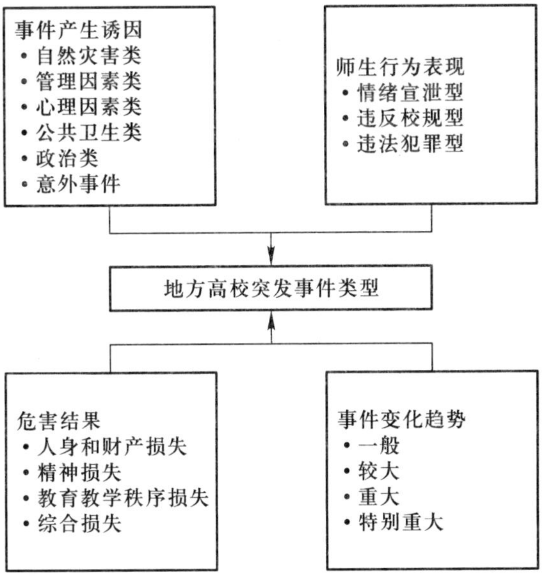


图 3.2 地方高校突发事件不同分类

## 3.3 地方高校突发事件特征

高校是社会的有机组成部分，地方高校是普通高校的主力军，地方高校突发事件与社会突发事件之间的关系，属于个别与一般的关系、特殊性与普遍性的关系。因此，地方高校突发事件的特征除了具备突发事件的共性外，理所当然地还有自己的特性，主要表现在以下方面。

（1）频发不确定性

地方高校具有人口数量多、密度大的聚集性特征，现在地方高校普遍都有2万以上的学生，而新校区建设中形成的大学城一般都有好几所地方高校毗连成片，加之校园内外环境变化的不确定性，增大了突发事件发生的概率。此外，不同于其他有组织的群体，地方高校人员主要由青年大学生构成，这一群体具有文化程度高、行动相对自由，但易于冲动、自我保护意识相对薄弱等特点，导致突发事件的频发不确定性进一步增大。这种不确定性还表现在事件发生的原因不确定、状况不确定、变化方向不确定、后果及其严重程度不确定，事件多发而瞬息万变，给准确预测和把握增加了难度。任何一起高校普通事件如果处置不当，应急管理出现问题，都存在着演变成为突发事件的可能性。

（2）扩散公众性

高等教育的社会服务性质、成员知识层次较高的特点以及大学生的社会责任，都决定了高校一直是公众聚焦的热点，地方高校突发事件往往能够并且容易引起全社会的广泛关注，有时甚至会引起社会公众的响应。尤其是在信息时代，高校发生的任何性质与规模的事件，通过各种信息媒介迅速传播扩散，容易在较短的时间内演变放大成为社会公众参与的突发事件。2012年在一些城市爆发的因钓鱼岛事件而进行的游行，就是借由网络等现代传播手段发起或升级的，具有信息时代扩散公众性的特征。

(3) 突发破坏性

越来越多的案例表明，地方高校突发事件呈现突发破坏性特征。虽然所有突发事件都有其形成诱因，但并不是所有原因都能被找到，许多原因更不可能被人事先发现，这就造成当人们一旦感知事件的时候，难免有突然性。在校园范围内，事件发生的突然、传播的迅速、影响的广泛，在造成破坏的同时，还难免引起混乱和恐慌，在一定程度上干扰了高校的正常教学、工作、生活秩序；如果事件得不到及时的控制和处理，一旦走出校园，往往具有连带效应，可能引发次生或衍生事件，引发“嵌入性”骚乱，不但给高校带来各方面损失，甚至对社会产生负面影响。地方高校突发事件产生的破坏影响程度与校方应急管理反应速度成反比，校方反应越快，破坏影响程度越低。

(4) 群体复杂性

地方高校突发事件复杂性首先表现在成因方面，有校内原因也有校外原因，校外既有国内原因也有国际原因，校内既有校方管理原因也有学生自身原因，往往是几种原因交织叠加难分难解，这就决定了地方高校突发事件日益呈现出高度复合化、高度叠加化的趋势，往往是一系列小事件累积后一起爆发,表现出越来越复杂、越来越难于简单应对的趋势;从事件参与者角度看,尽管开始大都只是高校教职员工、在校大学生,但极容易有社会其他人员混入,并极易被其他人员利用;从组织形式看,既可能是个体事件,也可能是群体性事件,群体性事件既可能是有组织的,也可能是非正式组织,或者在校内是有组织行为,一旦走出校外往往会自发或被引导形成非正式组织。其群体复杂性还表现在,高校突发事件大多在事前无法进行预测,加之事件发展迅速,参与人数众多,成员成分复杂,演变趋势难测,影响范围广大,一旦具备一定规模,就难于对事件实施有效控制。

## 3.4 地方高校突发事件成因

地方高校突发事件的成因繁复多变,关于地方高校突发事件成因的研究文章尽管汗牛充栋,但也莫衷一是。国内国外,校内校外,心理生理,直接间接,动态静态,一因多果,一果多因,任何从概念到概念的演绎推理和单一思维方式所得结论,都有可能挂一漏万,贻笑大方。我们的研究从搜集整理现实中地方高校突发事件开始,对所能掌握到的突发事件现象进行尽可能细致的归纳梳理,以期为类型划分和成因分析的抽象凝练提供现实依据。

### 3.4.1 地方高校突发事件形成原因梳理

突发事件有极其复杂的形成原因和机理;地方高校由于其

自身特点，其突发事件的成因更加纷纭复杂。我们在上一章中，将国内学者对这一问题的研究成果进行逻辑化、体系化的归纳总结，针对不同性质的地方高校突发事件，提出了包括内部、外部两个领域，学校、学生和外部环境三个层面的分析框架。

为了使成因分析更符合地方高校的实际，在这一节，根据相关研究文献，特别是结合高校工作实际，利用以上分析框架和上文"地方高校突发事件类型"划分结果，对地方高校突发事件进行了尽可能全面的搜集整理，一方面将其按类型进行归类，另一方面也对其成因进行了分门别类的梳理（如表3.1所示），以期对类型、特征、成因分析提供充分的现实依据。

**表3.1 地方高校突发事件原因梳理**

| 突发事件的类别 | | | 突发事件主要成因 |
|---|---|---|---|
| 自然灾害类 | 气象灾害 | 洪灾、干旱、台风、寒潮、雨雪、冰雹、高温、沙尘暴、雷击、海啸、飓风 | 外部成因 |
| | 地质灾害 | 地震、泥石流、山体崩塌、滑坡 | 外部成因 |
| | 火灾 | 森林火灾、草场火灾 | 外部成因 |
| | 生物灾害 | 病虫害、虫害、草害、鼠害 | 外部成因 |

续表

| 突发事件的类别 | | | 突发事件主要成因 | |
|---|---|---|---|---|
| 安全事故类 | 重大交通事故 | 师生乘坐地铁、公路、铁路、水运、民航、发生交通事故 | 外部成因 | |
| | 意外事故 | 校园溺水 | 学校层面 | 设施陈旧,日常维护不到位 |
| | | | | 建筑设施设计存在问题 |
| | | | | 安全教育缺乏 |
| | | | 学生层面 | 安全意识不够 |
| | | 触电 | 学校层面 | 设施陈旧,日常维护不到位 |
| | | | | 安全教育缺乏 |
| | | | 学生层面 | 安全意识不够 |
| | | 火灾 | 学校层面 | 设施日常维护不到位 |
| | | | | 管理漏洞、安全教育缺乏 |
| | | | 学生层面 | 安全意识不够 |
| | | | | 违反规章制度 |
| | | 拥挤踩踏 | 学校层面 | 设施存在安全隐患 |
| | | | | 安全教育缺乏 |
| | | | 学生层面 | 安全意识不够 |
| | | | | 违反规章制度 |
| | | 爆炸 | 外部成因 | 人为破坏 |
| | | | 学校层面 | 设施存在安全隐患 |
| | | | | 安全教育缺乏 |
| | | | 学生层面 | 安全意识不够 |
| | | 建筑物倒塌 | 学校层面 | 违反规章制度 |
| | | | | 设施存在安全隐患 |
| | | | 学生层面 | 安全教育缺乏 |
| | | | | 安全意识不够 |
| | | 学校体育设施管理不当造成的伤害 | 学校层面 | 设备管理不当 |

续表

| 突发事件的类别 | | | 突发事件主要成因 | |
|---|---|---|---|---|
| 安全事故类 | 犯罪 | 流氓滋事 | 外部成因 | 社会治安混乱 |
| | | | 学校层面 | 门禁管理制度存在漏洞 |
| | | | 学生层面 | 校内人员与校外不法分子勾结 |
| | | 盗窃 | 外部成因 | 学校周边环境治理不力 |
| | | | 学校层面 | 门禁管理制度存在漏洞校园及宿舍防护不够 |
| | | | 学生层面 | 物品保管不善<br>法律意识淡薄 |
| | | 抢劫 | 外部成因 | 社会治安混乱 |
| | | | 学校层面 | 门禁管理制度存在漏洞<br>校园及宿舍防护不够 |
| | | | 学生层面 | 法律意识淡薄 |
| | | 破坏 | 外部成因 | 社会治安混乱 |
| | | | 学校层面 | 思想政治教育缺乏 |
| | | | 学生层面 | 心理存在问题<br>法律意识淡薄 |
| | | 凶杀 | 外部成因 | 社会治安混乱 |
| | | | 学校层面 | 管理漏洞,教育缺失 |
| | | | 学生层面 | 心理存在问题<br>法律意识淡薄 |
| | | 纵火 | 外部成因 | 社会治安混乱 |
| | | | 学校层面 | 心理咨询和疏导不畅 |
| | | | 学生层面 | 心理存在问题<br>法律意识淡薄 |
| | | 爆炸 | 外部原因 | 社会治安混乱、人为破坏 |
| | | | 学校层面 | 心理咨询和疏导不畅 |
| | | | 学生层面 | 心理存在问题 |

续表

| 突发事件的类别 | | | 突发事件主要成因 | |
| --- | --- | --- | --- | --- |
| 安全事故类 | 犯罪 | 投毒 | 学校层面 | 心理咨询和疏导不畅 |
| | | | 学生层面 | 心理存在问题<br>法律意识淡薄 |
| | | 诈骗 | 外部成因 | 社会治安混乱 |
| | | | 学校层面 | 安全教育不够 |
| | | | 学生层面 | 法律意识淡薄 |
| | 学校管理 | 后勤供电、供水、供气、供热事故 | 学校层面 | 设施维护管理不到位<br>应急措施缺乏 |
| | | 学生骚动 | 学校层面 | 学校某项管理存在问题<br>针对性应急管理措施匮乏 |
| | | 试题泄漏 | 学校层面 | 试卷管理不当 |
| | | 作弊、学术腐败 | 学校层面 | 考试等管理制度不严、学术管理不规范 |
| | | | 学生层面 | 违反规章制度 |
| | | 校外实习活动造成师生人身伤亡 | 外部成因 | 社会治安混乱 |
| | | | 学校层面 | 安全教育缺乏 |
| | 其他 | 自残、自杀等师生等意外受伤或死亡、出走、失踪 | 学校层面 | 管理疏漏,思想教育、心理引导缺失 |
| | | | 学生层面 | 心理存在问题 |

续表

<table>
<tr><th colspan="3">突发事件的类别</th><th colspan="2">突发事件主要成因</th></tr>
<tr><td rowspan="8">公共卫生类</td><td rowspan="3">重大传染疫情</td><td rowspan="3">鼠疫、霍乱、肺炭疽、SARS、高致病性禽流感等</td><td>外部成因</td><td>学校周边环境治理不力<br>一定范围内出现疫情</td></tr>
<tr><td>学校层面</td><td>卫生防控措施不当<br>应急保障不够</td></tr>
<tr><td>学生层面</td><td>不遵守应急管理制度</td></tr>
<tr><td colspan="2" rowspan="3">群体性不明原因疾病</td><td>外部成因</td><td>学校周边环境治理不力<br>不明原因疫情蔓延</td></tr>
<tr><td>学校层面</td><td>卫生管理存在漏洞</td></tr>
<tr><td>学生层面</td><td>心理存在问题</td></tr>
<tr><td colspan="2" rowspan="2">重大食物中毒和职业中毒</td><td>外部层面</td><td>人为破坏</td></tr>
<tr><td>学校层面</td><td>卫生管理存在漏洞</td></tr>
<tr><td rowspan="9">抵制对抗类</td><td colspan="2" rowspan="3">学生斗殴</td><td>外部成因</td><td>校际师生串联<br>民族极端势力介入</td></tr>
<tr><td>学校层面</td><td>管理疏漏</td></tr>
<tr><td>学生层面</td><td>学生群体、同学会、老乡会之间的恩怨仇恨；各民族学生之间的纠纷；校外民族问题影响</td></tr>
<tr><td colspan="2" rowspan="3">罢课罢餐或罢工罢教</td><td>外部成因</td><td>国内外重大事件影响</td></tr>
<tr><td>高校层面</td><td>管理混乱、应对失当</td></tr>
<tr><td>学生层面</td><td>学生和教工不满情绪</td></tr>
<tr><td colspan="2" rowspan="3">邪教活动或黑社会闹事</td><td>外部成因</td><td>校内外非法组织渗透</td></tr>
<tr><td>学校层面</td><td>教育引导缺失、应对失当</td></tr>
<tr><td>学生层面</td><td>信仰缺失、精神空虚</td></tr>
</table>

续表

| 突发事件的类别 | | | | 突发事件主要成因 |
| --- | --- | --- | --- | --- |
| 抵制对抗类 | 非法集会、游行 | | 外部成因 | 校内外非法组织渗透 |
| | | | 学校层面 | 思想政治教育失效、应对失当 |
| | | | 学生层面 | 感情冲动、爱国热情、法律意识淡薄 |
| 舆情信息类 | 网络管理 | 非法入侵、窃密、施放病毒、网上攻击 | 外部成因 | 网络管理漏洞 |
| | | | 学生层面 | 法律意识淡薄 |
| | 监督政府类 | | 外部成因 | 转型期社会矛盾、政策失误或信息不对称<br>敌对势力煽动 |
| | | | 学校层面 | 思想政治教育不足<br>管理漏洞 |
| | | | 学生层面 | 爱国热情、性格冲动 |
| | 爱国情绪类 | | 外部成因 | 敌对势力煽动策划<br>重大政治经济文化事件影响 |
| | | | 学校层面 | 引导不力、应对策略失当 |
| | | | 学生层面 | 爱国热情、性格冲动 |
| | 谣言类 | | 外部成因 | 敌对势力煽动策划<br>转型期社会矛盾、政策失当或说服解释不足 |
| | | | 学校层面 | 引导不力、应对失当 |
| | | | 学生层面 | 性格冲动、法律意识淡薄 |

### 3.4.2 外部成因分析

地方高校突发事件外部成因极其复杂,既有国际的,也有国内的;既有政治的,也有经济文化的。

(1) 国际政治经济文化的冲突与融合、多种社会思潮的争夺与渗透

当今世界正处于大发展大变革大调整时期,世界经济格局发生新变化,国际力量对比出现新态势,综合国力竞争更加激烈。今天,国家安全概念的内涵已发生重要变化,早已不仅仅是原来所认为的疆土、军事的范畴,更多指向经济实力、文化实力及价值观的竞争。随着我国参与经济全球化程度日益加深,受世界政治经济文化的影响也越来越大,高校师生对外部世界的了解也越来越多,我们不仅要面对全球化经济竞争,而且要面对激烈的政治竞争,就是看谁的制度更有生命力,谁的政权更加巩固,哪个主义更受人民拥护,哪个政党更有凝聚力;还要面对激烈的文化竞争,看谁的思想文化更有吸引力,谁的价值观念更能广泛传播,哪种生活方式更符合时代潮流。这种激烈竞争态势在信息灵通、思想活跃、政治敏感的高校,反映得更加充分。西方敌对势力不愿意看到社会主义中国发展强大,千方百计在战略上围堵、安全上威胁、发展上牵制、主权上干涉、形象上丑化、思想上渗透。20世纪末发生的苏东剧变以及近年来爆发的"天鹅绒革命""橙色革命""茉莉花革命",既是应该深刻汲取的教训,也是保持头脑清醒的长鸣警钟,提醒我们必须深刻认识意识形态领域斗争的新情况,特别是对西方敌对势力有组织有计划地西化我们下一代的图谋要保持高度警惕。

更加值得重视的是,西方思潮在国内意识形态领域的反映更加直接复杂,有人宣扬西方宪政民主,宣扬三权分立、多党制、司法独立、军队国家化等国家理念、政治模式和制度设计,企图否定党的领导、否定中国特色社会主义政治制度;有人宣扬“普世价值”,把西方价值观说成是超越时空、超越国家、超越阶级的人类共同价值,认为西方的民主、自由、平等、人权具有普世永恒性,企图动摇党执政的思想理论基础;有人宣扬新自由主义,鼓吹“市场万能论”,认为我国宏观经济调控扼杀了市场效率和活力,认为我国国有企业破坏了市场经济秩序,主张全面私有化,企图改变我国经济制度;有人宣扬历史虚无主义,否定革命,否定中国选择社会主义道路的历史必然性,否定已有定论的历史事件和历史人物,企图否定中国共产党历史和新中国历史。这些错误思潮融合交织,遥相呼应,在青年学生思想上造成混乱,我们必须时刻注意加强对政治性的突发事件的防范及应对。

(2) 转型期社会矛盾在地方高校的集中反映

学界关于转型期的研究热烈而充分,经济合作与发展组织(OECD)在《中国治理》的研究报告中,把改革开放以来中国的变化概括为“市场转型”“政治转型”“社会转型”和“开放转型”。所谓经济转型,是指从指令性计划经济体制向社会主义市场经济体制转变;所谓政治转型,是指从传统的中央集权政治体制向社会主义民主政治体制转变;所谓社会转型,是指从农业为基础的传统农村经济社会向以工业服务业为主导的现代城市社会逐步转变;所谓开放转型,是指从封闭、半封闭经济社会向建立开放经济和全面开放经济转变。张海波在《中国转型期公共危机治理》一书中指出:“从总体的和动态的观点来看,中国的转型是一个旧体系瓦解、新体系形成过程,是由一种简单的确定性到另一种复杂的确定性的过程。”中国的转型是一个“未来完成式”,所有关于转型与社会风险的讨论都有两个基本前提:一是中国的转型是国家的进步和发展,取得了巨大的成就;二是中国的转型尚未完成,还充满了不确定性,只有通过彻底的转型才能降低这种不确定性。转型期个人与个人、个人与群体、群体与群体之间基于各种利益与权利而产生的各种社会矛盾凸显,主要表现在五个方面:一是社会管理方式与社会发展的不协调;二是行业、地区等社会群体之间的利益冲突加大;三是法治建设不足,政策法规的执行不到位;四是个人及群体的诉求表达渠道不畅;五是部分干部的管理素质与执行能力有待提高。目前,地方高校的发展已经由单一的、封闭的教育机构转变成为面向社会、服务于社会的窗口行业,与社会形成了千丝万缕的联系,上述问题引发的转型期社会矛盾,容易折射到师生员工思想情绪中来,容易成为地方高校突发事件的导火索。

目前我国的社会转型,导致经济体制深刻变革,社会结构深刻变动,利益格局深刻变化,出现了多种经济形式并存、多种分配形式并存的现实。按照马克思主义历史唯物论的基本观点,经济基础决定上层建筑,社会存在决定社会意识。社会转型决定了全社会思想观念必然发生深刻变化,社会文化思想必然越来越多元多样多变,来自社会不同地区、不同阶层、不同家庭背景的大学生必然具有多种多样复杂的思想。尤其是当前改革进入攻坚阶段,利益关系更趋复杂,深层次问题日益突出,协调关系、化解矛盾的难度进一步加大。特别是一些与教职员工、与学生本人及家庭切身利益相关的实际问题十分突出,极易造成这部分人思想上的困惑和情绪上的波动,产生思想问题,引发突发事件。

(3) 以互联网为核心的电子传播媒介给高校管理提出了新挑战

文化史家把人类文化传播的漫长历史大致分为三个阶段:口传文化阶段、印刷文化阶段和电子文化阶段。而传播学研究表明,媒介即信息,语言文字的发明、印刷术的推进、电子传播媒介的出现,传播媒介的每次革新,都会给人类政治经济文化带来革命性冲击。20世纪末以来,互联网以惊人的速度在全球扩张,一跃成为继报刊、电视、广播等传统大众传媒后的第四大媒介。青少年学生作为网民的重要部分,对网络的依赖程度越来越高。互联网对大学生的行为模式、价值取向、政治态度、心理发展、道德观念产生着潜移默化的影响。互联网交互性还改变了传统媒介的单向传播,大学生在互联网上可以自由发表观点,也可以与别人进行充分的讨论和交流。在网络新媒体的影响下,公共领域的疆界和范围迅速扩大,把越来越多的人和事件卷入其中,自媒体时代为人们的信息传播提供了前所未有的平台。发帖子、转微博、评新闻……轻轻敲打键盘,信息、观点、态度便汇入了互联网的海洋,每个人都能成为传播者。网络空间的意见表达不同于私人空间的随意自语,自媒体具有公共属性,能够影响社会。单向传播、信息源垄断的格局被彻底打破了,高等学校传统的灌输式思想政治教育模式、自上而下的管理模式、填鸭式的教育教学模式显然已经跟不上时代的发展,并极易引起学生的不满、反感甚至逆反,极易因学习生活中的小事引发学生抗拒进而酿成突发事件。

更为复杂的是,网络的信息传输技术,使网络具有强大的社会动员和社会组织力量,能够将社会上特别是大学生中分散的、碎片化的个人诉求汇聚和集中起来,往往使表面看来没有明确的行为规范和目的，也没有严格的组织和领导角色的一部分学生，围绕一些能引起公众高度关注的重大社会和政治问题提出抗议和诉求。尹韵公在《当前网络发展的新特点》一文中，将这种现象概括为“网络社会运动”，并将其基本特点概括为：社会基础广泛化、意识形态多元化、文化价值取向个人化、抗议手段非暴力化、组织形式分散化、动员方式网络化、活动范围国际化。值得引起高度重视的是，一些别有用心的人利用网络尚未完全实名化之机，充分使用网络的信息传输技术所赋予的动员和组织力量，在高校实施这种所谓的“网络社会运动”，利用大学生的政治热情，在网络上散布一些政治类谣言；利用大学生对民生问题的不满情绪，在网络上发起群体事件（如集体罢餐）。诸如此类的行为，既对高校管理方式、管理能力提出了新挑战，也催生出使高校防不胜防的突发事件新形态。

（4）社会流动渠道不畅使大学生蔓延绝望情绪

社会垂直流动和水平流动是调动人们积极性的主要方式。厉以宁在《论中国的双重转型》一文中指出，我国现在出现了一种“社会阶层凝固化”现象，而“社会阶层凝固化”造成了水平流动特别是垂直流动渠道的不畅，这又形成了另一种现象，即“职业化世袭”。比如说，父亲是农民工，儿子还是农民工，石油、邮电、通信、电力、银行等垄断部门的内部招聘，这些都是“社会阶层凝固化”和“职业世袭化”的表现。姜卫平近期在《学习时报》发表题为《最危险的是穷人失去向上流动的希望》的文章，提出了相同的观点，并指出，目前中国社会流动的门槛过高，弱势群体改变自己地位的机会越来越少。他以教育为例进行论证，改革开放以后，高考仍然是农民子弟改变身份的主要途径。然而，自 20 世纪 90 年代中期以后，情况发生了改变。来自贫困家庭的大学毕业生，就业更加困难。据北京大学高等教育规模扩展与毕业生就业课题组调查显示，家庭背景越好，毕业的工作落实率与起薪点就越高。父亲为公务员的毕业生与父亲为农民的毕业生对比，前者平均月收入比后者多400元，前者的工作落实率要比后者高出14个百分点。正如孙立平教授所言："有时贫富差距大一点还不要紧，最怕的是穷人失去向上流动的希望，最怕的是一种绝望的感觉。"大学生中一定程度存在着这种绝望情绪，很容易演变成梦醒以后无路可走的激愤，很容易导致人无理想的破罐子破摔，很容易导致出现仇视社会等病态心理，容易悲观厌世等极端行为，这就为高校突发事件提供了滋生蔓延的土壤。

（5）社会不良势力对地方高校影响不断加强

从地方高校各种突发事件的类型和性质来看，一部分突发事件背后，总能看出社会不良势力或隐或显的组织、操纵、煽动、渗透的影子。社会不良势力主要是国内外敌对势力、民族分裂势力、非法宗教势力、暴力恐怖势力等，这些组织为达到从事社会破坏活动的目的，针对地方高校人员，尤其是在校大学生，借助国际、国内的社会、政治热点问题，歪曲事实，散布谣言。部分地方高校大学生迫切表达自身爱国、伸张正义热情的同时，由于缺少冷静思考问题、正确判断是非的能力，极易被这些组织所煽动利用，从而引起突发的群体性事件，给高校及社会的稳定发展造成严重损失和负面影响。近年来，随着网络社交平台的发展与普及，社会不良势力以此为新手段，对地方高校人员的渗透力度加大，由此引发的高校突发事件呈上升趋势。

### 3.4.3 内部成因分析

导致地方高校突发事件的内部原因可以从学校和学生自身两方面进行分析。

首先,从学校方面分析,突发事件产生的原因主要包括:

(1) 高等教育大众化与管理滞后之间的矛盾

中国现代意义上的高等教育只走过了一百年左右的发展历程。新中国成立以来,特别是近十几年来,我国高等教育改革有如暴风骤雨,刚刚进行大规模的体制改革,许多高校还没有完全消除“大合并”磨合期所带来的阵痛,又要面对大众化浪潮汹涌而至带来的冲击,经历了由精英教育向大众化教育转变的“过渡阶段”。在这个过程中,由于国家部委属高校扩招有限,有的甚至压缩了本科招生规模,地方高校义不容辞地承担了大众化的主要责任。历史较长的高校无一例外地经历了内部挖潜的过程,走过了一条内涵发展的路子,无论是年招生规模还是在校生规模平均都增长了四五倍以上,内部潜力已基本挖尽;为了应对扩招的压力,使本省录取率保持在一个老百姓可以接受的水平,各省不得不纷纷走外延发展的路子,鼓励原有的中专学校升格为大专、原有的大专升格为本科院校。此风所及,原来以专科招生为主、仅有个别本科招生专业的院校,纷纷以本科招生为主,而本科学院纷纷更名为大学,更名、升格之风已成为近年高等教育界的一道风景。

高等教育大众化,极大地满足了人民群众享受高等教育的强烈愿望。但暴风骤雨式的扩招也带来了许多来不及消化的问题。其中管理滞后问题最为突出。美国高等教育专家、高等教育大众化理论的创始人马丁·特罗教授,在研究高等教育精英阶段与大众化阶段教育的异同时提出了十个维度的变化，比如，在质量标准方面，精英教育遵循共同的高标准，大众化教育注重多样化。在高等教育观方面，精英阶段上大学是少数人的特权，大众化阶段上大学是一定资格者的权利。在高校领导与决策方面，精英高等教育机构是由相对少数的精英群体——行政机构的领导、政府官员、大学校长掌握领导权并往往是通过非正式的直接接触做出决策。大众高等教育机构虽然继续受这些精英集团的影响，但更多地受“民主”政治程序的制约。在学术管理形式方面，典型的精英型大学是由学术人员兼任行政职务，他们实质上是非专职的行政管理人员。到大众阶段，高等教育机构的规模日益扩大，功能也逐渐多样化；行政管理人员队伍也随之扩大，这时的行政领导基本上成了大学的专业管理者。在高校的内部管理方面，精英高等教育一般是由高级教授控制，那些不具备此资格的人员在主要决策中仅起很小的作用或不起作用。在大众化阶段，不同层次的初级工作人员享有校内管理权。而且学生不断拥有影响决策的权力，学生参与的形式和程度成为从精英向大众化转型时期的主要问题。总之，高等教育毛入学率变化所引起的教育性质、教育内容、教育方式等方面发生的质的变化，必然引起高等教育管理理念、管理方式等方面的一系列深刻变化，但由于高校扩招只有短短的十几年时间，高校从领导到干部，从教师到职工，不论是心理上还是管理方式上都极其不适应，还沿袭一些老的管理理念和管理制度，滞后的、精英式的管理和大众化生源需求之间的矛盾日益凸显，为引发突发事件埋下了隐患。升格院校在这方面存在的问题更加突出，原来的中专管理模式与大专生的要求不相适应，原来的大专管理方式与本科生的要求不相适应，原来的学院式管理理念与综合性大学学生的要求不相适应，总之，原来的精英教育方式与大众化教育的要求不相适应，会直接引发许多突发事件。

（2）规模急剧扩张造成办学条件紧张

1999年扩招，拉开了高等教育急剧扩张的序幕。按照教育部官方网站公布的数据，仅以普通高校本科生为例，从扩招前一年的1998年到2011年的全国数据变化看，应届毕业生，1998年为82.98万人，2011年为608.16万人，扩大7.33倍；招生数，1998年为108.36万人，2011年为681.50万人，扩大6.29倍；在校生，1998年为340.88万人，2011年为2 308.51万人，扩大6.77倍（这里还不包含扩张更加迅速的研究生数据）。而本专科扩张的学生数基本上都是由地方高校承担消化的，因此加剧了地方高校办学资源紧张的状况。首先，基本办学条件亟须进一步改善。规模急剧扩张必然引起生均教学仪器设备值的迅速下降。要维持基本的教育教学质量，必然要求高校加大教育教学投入。但管理体制决定了地方高校都是省级财政供养单位，而省级财政特别是中西部省级财政普遍都比较困难，不可能向高校提供更多资金支持。而且由于高校为了应付规模扩张必须首先解决学生基本的生活条件，因此必须首先走外延式发展的路子，建设新校区。但新校区建设大都需要十几个亿的巨额资金，地方政府既然没有能力，地方高校只有举债维持日常运转并进行基本建设。正是由于资金等方面的限制，加之建设历史太短，新校区大都功能区划不清晰，许多必备的硬件设施难于马上到位，宿舍、教室、澡堂、食堂等办学条件都出现欠账较多的状况，更没有余力改善教学科研实验条件，很难满足培养高层次人才实践性教学的需求，有的甚至不如一些学生中学时的学习生活条件。其次，新校区周边条件较差。所有新校区几乎都在城乡结合部，其建设和使用过程中难免都会遇到农扰问题，周边治安状况较差，学生宿舍失窃、学生生活秩序及生命安全方面的问题大幅增加。办学条件方面存在的现实问题，很容易引发学生的不满情绪。

（3）思想政治教育薄弱导致学生思想偏激

大学不但是社会的文化引领者，也应引领社会道德文化；不但承担着巨大的文化责任，而且应当是社会的道德榜样。但是大学之德并不可能凭空产生，也不可能无所依托，大学的道德必须大学来培育、锻造、保持并发扬。但近年来，不时能看到或听到大学师生员工甚至领导违法乱纪、论文抄袭、学术腐败之类的报道和传闻，使大学的道德形象在公众心里越来越失去了往日的光彩。其实，在大学之中，书记校长的独特地位决定了其在塑造大学道德形象中举足轻重的表率作用和组织实施作用。但大学领导班子在学术水平普遍提高，专业造诣普遍较深的同时，不同程度地出现了重知识素养、轻思想道德，重学术造诣、轻管理能力，重学历资格、轻工作实绩的倾向。要重新恢复公众对大学的道德信心，重振大学的道德形象，首先必须按照德才兼备、德育为先的原则选拔任用配备地方高校领导干部。教师是办学的主体，他们不仅应当为学校教学科研等硬性指标作贡献，更应该发挥在形成大学道德形象中的主体作用。大学的道德责任，特别要在育人过程中切实落实德育首位的指导思想，切实克服道德教育在大学的缺位现象，把思想政治教育纳入人才培养模式之中。正如美国学者德怀特·艾伦所指出的，20 世纪以来，高等教育自发地把如何使学生变得聪明当作主要目的，高等教育忙于应付令人头晕目眩的新知识，无暇顾及价值观和道德教育。在使学生变得聪明这方面，尽管还有很多不尽如人意的地方，但确实已经形成了一整套行之有效的理念、制度、措施，相形之下，在使学生做有道德的人这方面，理念和制度两张皮甚至脱节现象却非常普遍，在人力及经费投入方面更不可同日而语。这些现象直接导致少数大学生理想信念缺失，极端个人主义思想蔓延，缺乏对别人以及自己生命的珍惜和敬畏，法律意识淡薄，崇尚非理性并导致思想偏激，极容易引发恶性突发事件。

(4) 办学指导思想偏差造成培养模式缺失

培养人才是高等学校的根本任务，教学是高等学校的中心工作。但一段时间以来，政府及民间各种名目繁多的评比、评奖、评估、排名的推波助澜，使一些大学难于摆脱上学校层次、争学校排名等急功近利的冲动，模糊了、忘记了培养人才这一根本任务，热衷于科研经费、社会贡献（显示度、转化率）等硬指标，把教师看成获得硬指标的工具；职称评聘、津贴发放等政策，更是以硬指标为唯一标准，忽略了教书育人等软任务。此风所及，刺激诱导许多教师把培养人看成影响自己科研水平的额外负担，把给学生上课作为自己换取工作量的手段。20 世纪末提出的教授给本科生上课的问题，在教育部 2012 年出台的《全面提高高等教育质量的若干意见》中再次强调，说明十多年过去了，这一本属天经地义，不应该成为问题的问题并没有得到有效解决。对于本科教学而言，高校领导精力投入不足、教师精力投入不足、学生学习精力投入不足、学校经费投入不足这四个长期存在的老大难问题，不但没有解决，而且有日益严重的倾向。办学者和教师一旦被硬指标牵着鼻子，心中势必难于容纳教育对象，势必出现目中无人（大学生）状况，那么，办学以师为本，教学以生为本，以学生的全面发展来设置培养方案、改革教学方法就成了一句空话；对人的尊重、对人的关爱、人的个性发展、因材施教这些教育所必须遵循的规律就难免成了流于形式、口号，难怪有人批评现行的大学人才培养模式是把学生当标准件生产的流水线。许多大学因忽视自己的根本任务不可避免地会与自己设定的争创一流的目标渐行渐远，甚至可能偏离教育目标，诱发突发事件。

其次，从学生方面分析，现在在校大学生全部都是20世纪90年代出生的，即所谓的“90后”。他们从出生到现在的20年左右时间，正是我国经济体制由计划经济向市场经济的全面转型期，正是与经济转型相伴随的社会精神与文化领域的变迁期，正是社会流动增加、社会分化加剧的社会结构变化期。也正是这一时期，高等教育实现了从精英教育到大众化的过渡，大学生就业体制实现了从原来的“统包统分”到现在的“自主择业，双向选择”模式的过渡。这一切既形成了当代大学生特定的成长经历，也会积淀出这一代独特的心理现象和思想问题。而这些现象和问题，加上大学生特有的青春期心理问题，两者交互作用，就形成了导致地方高校突发事件产生的学生方面的原因。

（1）压力日益增大

社会环境的纷繁复杂，使得身处校园生活中的学生每天面临着来自各个方面不同的压力。首先在学习方面。在我国，中学和大学是两种完全不同的学习环境和教育模式，中学侧重于家长式的考试训练，大学则侧重于放任式的个性发展。进入大学前，我国大部分学生接受的都是“填鸭式”“保姆式”“满堂灌”的应试教育管理。十多年的学习习惯，使得学生们养成了被动式学习和依赖性学习的习惯，自主学习能力较差。进入高校后，随着学习内容的加深、学习进度的加快、教师管理的相对松散，过程式考核向目标式考核的转变，导致学生在日常学习中，表现出较为轻松、无所事事的状态，一旦面临期末课程考核，就显得手足无措、无所适从、压力倍增。而由于生源质量参差不齐，这一现象在地方高校尤为显著。其次在就业方面。高等教育大众化使更多的青年获得了接受高等教育的机会，但客观上也就使大学毕业生面临更大的就业压力和更激烈的就业竞争。最后是情感方面。身处于来自全国各地，生活、作息习惯有所差异的同学和风格迥异、不同于以往的学校管理所构成的全新环境，如何使自己尽快被同学们接受并获得同学和老师的认可就成为困扰大学生的一大问题。感情的另一方面是对异性的仰慕及追求，导致恋爱之风盛行；但由于大学生不能自立，尚无独立的经济来源，加之毕业后到一地工作的几率很低，导致失恋率较高。对纯洁爱情的向往与大学生恋爱成功率较低的矛盾，使大学生面临严峻的情感考验；恋爱失败可能导致大学生心理危机，少数人因此走向极端，甚至造成悲剧。面对这些压力，处理方式不当，极易引发突发事件。

(2) 心理素质不高

大学生心理素质与发展迅速的社会和日益变化的环境要求不相适应的问题，在地方高校表现得尤为突出。造成学生心理素质不高的原因非常复杂，主要有以下几方面。第一，应试教育造成的心理问题。当代大学生在重考试成绩、重名次、重升学率的体制下度过了自己的中小学时代，日复一日地在一场偏离素质教育的竞争中拼搏冲杀。由于这种教育体系强调的是应试教育，学校和家长们普遍重视智商的教育，轻视情商的培养，而中小学这十几年，是学生人格健康和身心素质培养的关键时期。长期的忽视，使得学生在面对复杂的社会变化时，心理显得十分脆弱敏感。地方高校学生在心理方面更容易出现问题。尽管高等教育已经实现大众化,但高考无疑是社会对考生进行的一次重大筛选和分流,高考失误未考取理想院校导致的心理落差、进入高校后“象牙塔梦”的破灭、自控力差、骄傲自大以及社会上部分“金钱至上”“关系至上”的不良价值观等都容易造成大学生心态浮躁或一蹶不振,甚至产生畸形心理。第二,独生子女独有的心理问题。目前高校学生大多为独生子女,多以自我为中心。他们在进入高校以前,各项事务均为父母家人安排、代劳,自我管理能力较差。进入高校生活,吃穿住行,从小到大,事无巨细,都需要自己亲力亲为。突然到来的“自主权”使得部分学生感到茫然,无法应对。一些自控能力差的大学生迷恋网络,形成网瘾,甚至于家长不得不放下工作在学校周边租房陪读。第三,家庭贫困导致自卑。各省为了提高本省学生升学率、录取率,都制定一些地方保护主义政策,个别省份甚至明确要求地方高校在本省的录取率不得低于75%。而西部欠发达地区农村贫困人口相对集中,这就导致西部地方高校贫困生比例居高不下。而由于近年来社会收入差距拉大,社会贫富分化严重,尽管国家加大了对贫困生的资助力度,但很多贫困生难于消除家庭贫困造成的自卑心理,严重的甚至演变为对社会、对同学、对老师的仇视心理。第四,大学不够重视心理咨询机构建设。面对存在心理问题的学生在地方高校学生中逐渐增多的新形势,虽然各地方高校普遍都开展了心理咨询并建立了疏导机制,但由于承担咨询的老师不但人数少,而且大多都是刚毕业的研究生,缺乏必要的咨询经验,有的学校甚至让没有受过专门训练的辅导员进行咨询工作,致使咨询及疏导水平大打折扣,失去学生信任。加之学生们不具有心理健康的意识,并存在“好面子”的心理状态以及对心理咨询的误解,这种方式并没有得到大家认可,极少有人意识到自己存在心理问题并寻求帮助,导致心理咨询和疏导形同虚设。

容易冲动是大学生的一种重要心理特征。地方高校学生绝大多数有思想、有热情、有正义感,他们关注社会发展,有很强的好奇心,爱打抱不平,有激情,在心理、行为等方面具有较高的同质性和敏感性。但他们世界观、人生观、价值观不成熟,理性思维能力较弱,情绪波动大,极易被煽动。往往因某一件事处理不妥,某项具体利益受到损失,便会骤然形成突发事件。如果说前些年高校的突发事件基本上是在一种相对平和的气氛中进行的话,那么,近年来高校的突发事件有过激化的趋势。如群殴事件屡有所闻,未经批准的游行也时有发生。他们在为某个社会问题聚集在一起的时候,往往会做出某些有别于平时的,甚至是个人平时没有想到的或不敢想象的行为。在突发事件的早期如果处理不当,由于同龄人的群聚效应和网络信息渠道的发达,如果有个别号召力强的学生的发动,他们可能在很短的时间内聚集起来,随着事态的演变,容易造成越级上访或集体上访事件,并会由冲动演变为过激行为、手段或对抗,如罢课、游行、集会、示威、静坐等,甚至直接冲击学校的管理机构。

## 3.5 地方高校突发事件应急管理策略失当

按照控制论的观点,突发事件应急管理应包括事前预防预警、事中控制和事后反馈三个阶段。老子在《道德经》中曾说:“图难于其易,为大于其细。天下难事,必作于易;天下大事,必作于细。”“其安易持,其未兆易谋;其脆易泮,其微易散。为之于未有,治之于未乱。”可见如果事前预警及时准确,预防等应急管理策略应用得当,不但可以控制事态发展、扩大,还可以防患于未然,将突发事件消泯于无形,消灭在萌芽状态,大事化小,小事化了;而没有建立相应的事前预警机制,对突发事件起因懵懂无知,事件发生后,事中控制出现应对错误,应急管理策略失当,就有可能使无事变有事,小事变大事。许多后来产生重大影响和危害的突发事件,在事后总结时,都可以寻找到应急管理策略失当的环节。正是在这种意义上,突发事件应急管理策略既是管理策略问题,也是突发事件成因及形成机理研究中不可忽略的重要组成部分。

突发事件应急管理策略可以从内部和外部两个方面进行研究。

### 3.5.1 外部应急策略问题

(1) 条块分割致使地方高校突发事件责任主体不明确

20 世纪 90 年代,国家实行大规模的高等教育管理体制调整,把一大批原属国家部委主管的高等院校划转到各省(市、区),打破原来的条条管理造成的条块分割状况,统一实行块块管理,原来非“211 工程”的部委属院校也因此都变成了地方高校。总的来说这次管理体制改革是成功的,但是按现在的运行结果来看,也出现了一些新的问题。特别是在处理地方高校突发事件的问题上,又形成了新的部门分割、条块分割的情况,形成了分兵把守、各自为战、应急协调不力、快速反应能力不强的局面,致使责任主体不明,出现相互推诿的苗头和情况。省属高校在法律上是由省级人民政府主管,但由于省级政府事务性工作较多,不可能直管高等教育,所以委托省级教育行政部门代为管理,这本来是很正常的事,而且在处理有关教育内部事务时，也确实显得游刃有余。但由于在处理突发事件的时候，往往需要处理教育事务之外的执法权，而省级教育行政部门并没有公安等部门的执法权，在协调处理此类事件时就往往显得力不从心。按理说，全社会的维稳工作特别是突发事件的处理，都是由公安部门牵头的，而且公安部门除了有其他行政部门所没有的执法权外，从上而下还有一套强大而完整的信息收集处理系统。高校突发事件一旦发生，有时甚至还在萌芽状态，公安系统往往就已掌握情况并且直接上报给省级主要领导，而地方高校及省级教育行政部门这时却还蒙在鼓里或者懵懵懂懂，就显得十分被动。而且一般来说，省级公安部门比省级教育行政部门的行政级别要高，省级教育行政部门要在地方高校突发事件处理上协调公安部门是不可能的，而由于各自职责所限，公安部门也不会主动向地方高校和省级教育行政部门通报情况，按理说各负其责没有错，但事实上就势必在信息传递上增加了环节，造成信息失真（衰减或者放大），有时还会错过处理突发事件的最佳时机。更有甚者，还会出现事前或事后互通信息少或者相互封锁消息，总结经验教训时相互推诿相互指责多的情况。

（2）地方高校突发事件应急管理参与主体单一

社会学家研究表明，我国具有强大的政治动员能力，相比较而言社会动员能力较弱。至今尚未形成有效整合政府、市场和社会各种力量的网络状突发事件应急管理的社会动员机制。地方高校是社会的有机组成部分，高校突发事件往往与所处的社会环境密切相关。比如，自然灾害类突发事件，需要政府相应专业职能部门的指导和配合；公共卫生类突发事件，离不开医疗卫生、卫生防疫、食品安全等管理部门的帮助；安全事故类、抵制对抗类、舆情信息类突发事件的情况更加复杂,需要公安、安全、稳定办、“610办公室”甚至武警部队的配合支持。再以在地方高校招生录取、学生就业等环节引发的突发事件为例,依靠高校自身的力量来处理已被证明是不现实和不经济的,迫切需要整合社会各方面力量共同应对。但是,目前地方高校突发事件应急管理的参与主体单一,一般局限于高校和省级教育行政部门,尚未形成一个以省级教育行政、劳动人事、公安等相关部门为指导,地方高校为核心,用人单位、学生家长、社会媒体等多方参与的联动机制。但是现在无论发生哪种类型的突发事件,基本上都是教育行政部门和高校在单兵作战,相关部门集体参与的联动机制远未形成。这就造成各方信息在地方高校突发事件的全过程中呈孤岛状态,不能联通,各自为战,应急协调不力,严重影响了地方高校对突发事件形势的判断。

(3)政府对高校突发事件应急管理支撑不足

地方高校是国家高等教育的重要阵地,是社会的有机组成部分,地方高校的稳定直接关系到社会和国家的稳定。当前,在各级政府的统一部署下,地方高校应对突发事件工作卓有成效,但依然存在三方面问题有待完善:其一,地方高校突发事件应急体系是一个由高校、政府各部门形成的多元治理网络,而在体系建设方面,政府资源投入不足;其二,对于舆情信息类高校突发事件,政府较为重视,而其他类型的地方高校突发事件,尤其是在事前,政府普遍关注不够;其三,政府对地方高校突发事件的应急管理边界模糊,对突发事件形势判断不够准确等,导致难以形成一个具备事前预警、事中控制和事后反馈功能的高校突发事件应急管理协同机制。

(4)高校突发事件应急管理缺少法律法规保障

地方高校突发事件应急管理必须以国家颁布的法律法规为保障。近年来,与高校突发事件应急管理相关的立法分散在一系列法律法规中,主要有《宪法》《突发事件应对法》《高等教育法》《突发公共卫生事件应急条例》《学生伤害事故处理办法》《治安管理处罚法》《学位条例》等,但上述法律法规相对分散、不够统一,也缺乏必要的逻辑联系,尚未形成针对高校突发事件应急管理的法律体系。目前,地方高校及政府应对突发事件时主要采取行政干预的办法,但在法律层面上,由于缺少完善的法律制度作为保障,容易导致高校突发事件中的冲突各方管理边界模糊、管理主体权责不清,往往出现"重实体,轻程序"的缺陷,在高校师生员工民主法治意识普遍较高的高校,就显得比较被动,有时还会导致矛盾进一步加剧,形势进一步恶化。因此,国家及地方应尽快适应高等学校科学应急、民主应急、依法应急的要求,努力健全高等教育系统化、专业化、协同化、规范化的应急管理法制体系。

### 3.5.2 内部应急策略问题

(1) 可操作层面应急预案缺乏

地方高校应急管理能力决定了各类高校突发事件的演变趋势,以及对高校乃至社会的影响程度。应急管理能力主要反映在高校应急预案的编制与执行方面。应急预案是应对突发事件的行动方案、行动指南、行动向导。目前,地方各高校突发事件应急管理主要参照省级教育行政部门制定的突发公共事件应急预案及其专项预案,例如,《陕西省教育系统突发公共事件应急预案》《陕西省教育系统地震应急预案》等。然而,高校突发事件的参与主体、事件类型等显著不同于中小学及其他教育部门,教育系统的预案缺少针对地方高校突发事件的省级应急预案总体设计。各高校按要求虽然也都制定了突发事件应急预案,但基本上都是省级教育行政部门预案的翻版,很少结合本校的实际,在如何把省级的战略性预案变为学校的自己行动性预案上下工夫不够。可以应付上级检查,但在实际应急管理的过程中,可操作性就明显不足,往往不得不把预案放在一边,而继续按老习惯处理新问题,显得手忙脚乱、力不从心。另一方面,地方高校突发事件的有效控制和处理往往需要多部门联动机制,但当前大多数高校的应急预案仅停留在学校内部的行政部门层面,例如,《公寓中心突发事件处置预案》等,缺少一套体系完备、操作性强的高校突发事件总体应急预案。

(2)应急管理主体不明确

地方高校缺少具有突发事件综合管理功能的常设机构,大多仅在突发事件发生后临时成立应急组织进行事件处理,而在突发事件发生之前无法实现准确的识别和预警,导致原本可以避免的突发事件最终形成。此外,针对一些特定类型的高校突发事件,临时应急组织在事件防治方面具有一定作用,例如,公共卫生类突发事件,但对于其他类型的突发事件并不一定适合。其次,由于地方高校缺少明确的应急管理主体,造成各部门突发事件的预防工作存在缺乏统一领导、人员权责不清、部门协作性差、执行效率低等问题,很可能贻误事件处理的时机,容易导致重大突发事件。

(3)应急管理意识落后

突发事件应急管理意识落后主要体现在三方面。其一,一些地方高校对突发事件管理的认识有偏差,将突发事件发生后的干预理解成为应急管理的全部内容,或者将高校突发事件的处理看作是校园安全保卫类部门的职责,尚未认识到高校突发事件的应急管理是一个校园内外多主体共同治理的互动网络；其二，面对校园舆情类事件时，一些地方高校常常消极应对，习惯于采用封锁消息的做法，导致事件朝更加恶劣的方向发展，极易形成舆情信息类突发事件；其三，地方高校缺乏科学的应急管理体系以及专业化的应急管理队伍，对在校人员培养突发事件应急意识的课程几乎没有，针对高校突发事件的应急演练形式单一，内容不够丰富，大多应急演练仅局限于紧急疏散。

（4）突发事件的信息管控能力较弱

地方高校对信息缺乏强有力的管控是突发事件形成的重要原因，甚至会加速突发事件的发展。所谓信息管控有两层含义，首先是突发事件信息的获取。高校不能及时充分地获得各类事件在形成前、发展中，直至结束后的各种相关信息，极易造成高校决策者对形势的误判，无法采取正确的应急措施，导致一些一般事件最终演变成为突发事件。其次是突发事件信息的利用。例如，地方高校所在地发生的公共卫生事件，校方很少及时将相关信息进行发布，导致疫情最终在校园内扩大蔓延。对于一些舆情信息事件，校方没有及时对虚假信息采取应对措施，给高校声誉和社会稳定造成严重负面影响。

（5）突发事件预警信息平台建设不到位

高校突发事件是各种诱因逐渐累积后突然对外释放的过程，除了突发的自然灾害类事件外，几乎所有类型地方高校突发事件在未发生之前，都会表现出一些征兆。风起于青萍之末，月晕而风，础润而雨。高校突发事件预警信息平台是一套信号收集处理系统，建立此系统的目的是为了在突发事件来临时尽早地发现突发事件来临的信号，并判断这些信号与突发事件之间的关系。高校人才聚集,现代化设备先进,理应建立一套以现代通信技术手段为支撑的突发事件预警信息平台。但是,目前地方高校普遍没有建立起突发事件预警信息平台,在事件信息的收集、整理、监控、分析方面的技术尚不成熟,无法提前采取措施将事件遏制在萌芽状态,就难于避免突发事件的发生。

## 3.6 地方高校突发事件的类型、特征和成因机理

机理分析在管理学中是指为实现某一特定功能,一定的系统结构中各要素的内在工作方式以及诸要素在一定环境条件下相互联系、相互作用的运行规则和原理。

在现实中我们发现,地方高校突发事件既有其内部成因,也有外部(校外)成因,而且内外部成因往往会相互交织,相互影响,呈现出“一事多因”或“一因多事”的状况;另一方面,应对策略对突发事件的形成发展有着至关重要的影响,一个一般性的小事,常常会因应对失当而发展成为造成广泛影响的突发事件;一个本来比较大的事,常常会因应对策略得当而得到有效化解。在这种意义上,突发事件的应对策略,就不仅仅是策略问题,也是突发事件的重要成因。

通过上面分析,我们把地方高校突发事件的类型、特征和成因机理表述为:高校发生的一般事件,通过地方高校内部成因、外部成因,地方高校内部应急策略问题、外部应急策略问题等各因素相互影响,相互渗透,相互作用,相互制约,复合、叠加、演变,形成了地方高校突发事件;这些事件可归纳分为自然灾害类、公共卫生类、安全事故类、抵制对抗类、舆情信息类五大类;地方高校突发事

件具有频发不确定性、紧急破坏性、扩散公众性、群体复杂性四大特征(如图 3.3 所示)。

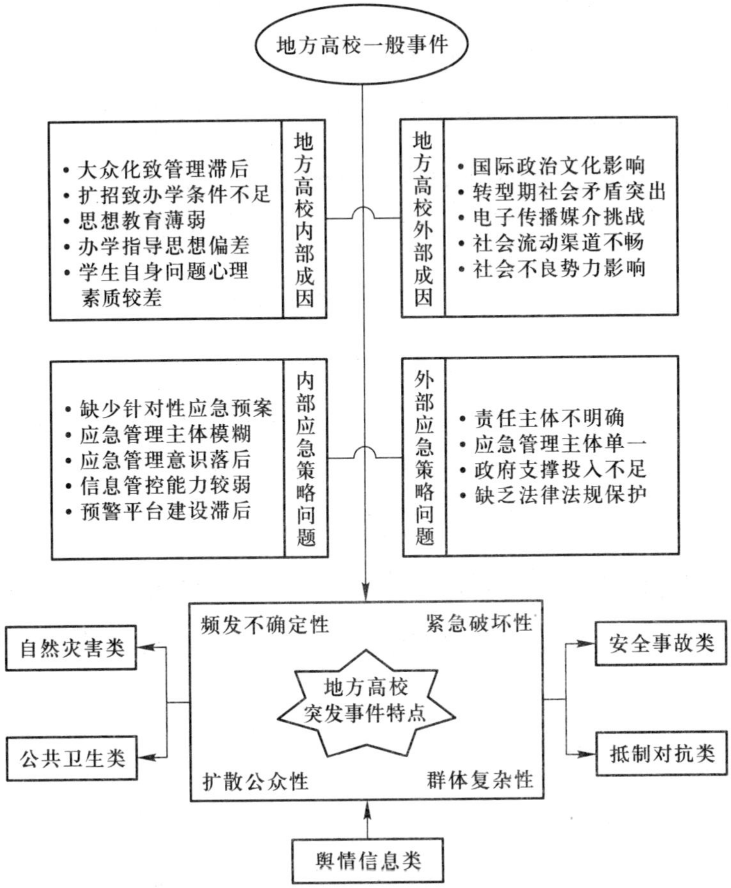


图 3.3　地方高校突发事件的类型、特征和成因机理

## 3.7　本章小结

本章对地方高校突发事件、地方高校突发事件应急管理、地方高校突发事件应急管理能力的概念进行了界定。以此为基础,按

照突发事件性质的不同，将地方高校突发事件划分成五种类型，即：自然灾害类、安全事故类、公共卫生类、抵制对抗类和舆情信息类。总结了这些事件具有频发不确定性、扩散公众性、紧急破坏性、群体复杂性等显著特征。

从地方高校内外两个领域，学校、学生和外部条件三个层面分别对地方高校突发事件的成因进行分析。

从地方高校外部成因来看，国际政治经济文化的冲突和融合、多种社会思潮的争夺与渗透加剧，当前我国处在经济社会快速发展的转型时期，发生在地方高校内部的冲突也是社会各种矛盾的反映，以互联网为核心的电子传播媒介给高校管理提出了新挑战，社会流动渠道不畅使大学生蔓延消极情绪，社会不良势力对地方高校影响不断加强，进一步增大了地方高校爆发突发事件的可能。

从地方高校的内部方面来看，高等教育大众化与管理落后之间的矛盾异常突出，学校规模急剧扩张造成办学条件紧张，思想政治教育薄弱导致学生思想偏激，办学指导思想偏差造成培养模式缺失，加之学生自身压力较大、心理素质不高、容易冲动，这些都是导致地方高校突发事件频发的直接原因。

同时，我们认为，突发事件应急管理策略既是管理策略问题，也是突发事件成因及形成机理研究中不可忽略的重要组成部分。因此从内部和外部两个方面对突发事件应急管理策略存在的问题进行了分析。

就高校外部而言，高校突发事件应急管理的参与主体不足，政府支撑投入力度不大，加之缺少相关法律法规的制度保障，是导致近年来高校突发事件频发的重要因素。

我国地方高校内部普遍缺乏操作性和针对性强的整套突发事

件总体应急预案,并且应急管理的主体不明确,高校人员应对突发事件的理念依然停留在事后处理层面,加之应急意识落后,对高校突发事件信息的管控能力差,突发事件预警信息平台建设不足等,是地方高校突发事件频发的内部深层次原因。

# 4 地方高校突发事件应急管理能力指标体系构建

为了更符合地方高校突发事件应急管理的实际,本章提出了不以应急管理过程理论为基础的能力指标体系,把应急管理指标建立在地方高校突发事件发生前后的管理职能及保障平台之上。指标提炼过程中,既按照现实的管理基本职能来划分指标,又考虑到突发事件应急管理的过程因素;既综合了国内外的理论研究成果,也应用地方高校实际发生的不同类型突发事件能力表现进行了实证检验。基于应急管理理论及经验分析,对能力指标体系中一级、二级指标的内涵及观测点进行了具体界定。通过问卷法、访谈法等进行统计调查研究,对指标体系的科学性、合理性、有效性进行了检验分析。

## 4.1 指标体系的构建原则及流程

### 4.1.1 构建原则

地方高校突发事件应急管理能力指标体系的构建原则为:

（1）科学客观原则。要求指标体系的设计不仅能够符合客观实际，符合已被实践证实的科学理论，而且能够全面真实地反映地方高校突发事件应急管理的内在机理和本质特征。所选取指标的物理含义必须明确，可以进行准确的测算、规范的统计；具体指标能够反映地方高校突发事件应急管理能力的含义和目标的实现程度，这样才能保证评估方法的科学性、评估结果的真实客观性。

（2）简洁完整原则。要求指标体系的设计覆盖面广，可以综合全面地反映地方高校应急管理系统的各个要素以及各要素之间的关系。根据所选取的指标内容和特点，一般将指标分为综合指标和部门指标等。除此以外，还要求所选择的指标体系内容简单明了、清晰可辨，同时要求做到不遗漏、准确且具代表性。

（3）动态独立原则。地方高校突发事件应急管理能力的评价是一个动态过程，因此要求所选取的指标要符合动态变化的特点，即指标中既有静态指标，也有动态指标。地方高校突发事件应急管理的核心是使各部门协调运作，将突发事件损失降到最低。因此，要求所选择的指标之间既有一定的内在联系又相互独立，即排除指标间的相容性，消除重复设置指标而造成评价结果失真的可能。

（4）实用可比原则。所选取的指标要求内涵明确、容易理解，数据的调查与收集比较容易，指标易于比较，还要考虑与历史相关资料的可比性。

（5）系统层次原则。地方高校突发事件应急管理系统是一个复杂系统，从系统观点来设计评价指标体系更加贴合实际。

系统的观点即为考虑系统目标所涉及的一切方面,从投入、产出、内部结构、系统状态和外部环境来全方位思考所要构建的指标。应急管理系统还要具备层次性的原则。因为系统有很多个子系统,因而应在不同层次上有不同的指标体系,这样有利于决策者在不同层次上对高校在突发事件上需要关注的点进行调整。

### 4.1.2 构建流程

构建地方高校突发事件应急管理能力指标体系属于复杂的系统工程,因此,为了保证所建立指标体系的科学性和适用性,各能力指标的选择应遵循一定的流程(如图 4.1 所示),能力指标的确定需要考虑各个方面的因素,这样才能保证指标体系的构建思路更加明确,才能保证构建指标体系的完整客观性、科学合理性和系统化。地方高校突发事件的应急管理能力指标体系构建大致分为四个阶段:准备阶段、专家调查阶段、数据采集及分析阶段、验证指标的合理性阶段。

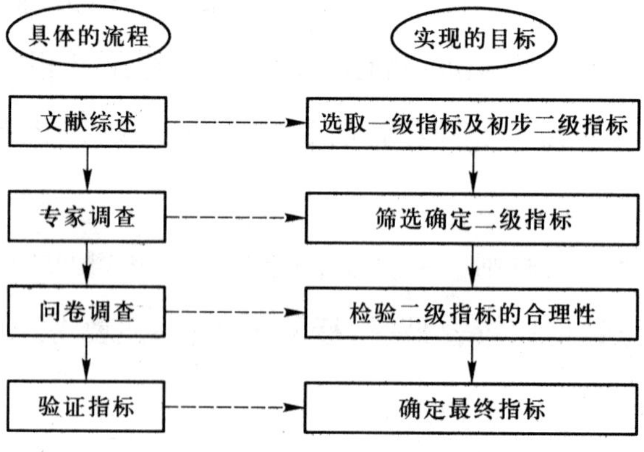


图 4.1 地方高校突发事件应急管理能力指标体系的构建流程

## 4.2 指标选取

国内外关于突发事件应急管理能力的研究,一般都以应急管理过程理论为基础。我们提出了以地方高校突发事件发生前后的管理职能及保障平台为基础的应急管理能力划分思路,以此为基础,在查阅大量相关文献后,结合地方高校的特色,提炼选取相应的一级和二级指标。为了检验所选指标的科学性与现实针对性,我们从性质和人数两个维度,并考虑到突发事件的原因,将上一章划分的5类突发事件再细分为能力要求相对一致的9类,对不同类型突发事件中地方高校应急管理能力指标的侧重点相应进行了再界定,并对能力指标的具体内容及观测点进行了细化分析,确认提炼选取的一级、二级指标能够涵盖并解释地方高校突发事件的所有类型,地方高校各类突发事件应急管理能力能够支撑提炼选取的指标体系中的一级、二级指标。

### 4.2.1 一级指标选取

突发事件应急能力一般可以分为"硬设施"和"软管理",硬设施主要指硬件的配备,包括监控设施、救援设施、物资储备、物资购买能力、物流能力等方面;软管理即指应急管理能力方面。经过调查分析,地方高校与部委院校相比,无论是硬件配备还是软管理,都存在较大差距。就地方高校横向比较而言,各学校之间硬件配备水平也存在严重的不平衡。在应急管理能力方面,各地方高校之间也有较大的差距。

目前,对突发事件应急管理能力的研究,多集中在通过对突发事件的全过程进行分析来选择应急能力的评价指标，例如于艳玲的《高等院校应急管理体系的理论研究与实证分析》。刘伟在《高校应急管理能力研究》中，尽管试图将过程和管理职能、能力要素结构结合起来考虑，以构建高校应急管理能力指标体系，但是指标体系的划分大体上仍以过程为主。田依林在《城市突发公共事件综合应急能力评价研究》中，亦是将过程和职能一起考虑，以过程为主来构建城市突发公共事件应急能力指标体系。

按突发事件过程构建应急管理能力指标体系有其现实优越性，主要是体系中各指标的安排与突发事件发生及应对过程相一致，教育主管部门及高校管理者拿到指标体系，一目了然，容易理解，从而便于应用实施。但缺点是有些能力要素是贯穿于应急管理全过程的，比如，在应急管理的预防、处置、恢复等阶段都需要应急硬件资源的支撑；比如，组织、协调等管理职能在应急管理的各个阶段也都有所体现；因此，按突发事件过程构建应急管理能力指标体系，就难免在指标设置中出现预防设备物资、处置设备物资、恢复设备物资以及预防组织、处置组织、恢复组织等重复交叉的现象。

其实，应急管理实质上是一种管理，应急管理能力研究实质上是管理能力研究，应急管理能力指标体系研究也理应主要凸显管理，故应以管理职能为主、过程为辅来构建指标体系。现代管理学理论中，法约尔认为管理五大基本职能是计划、组织、指挥、协调和控制。按照这一理论，地方高校应急管理能力即为地方高校针对突发事件而进行的有效的计划、组织、指挥、协调和控制的水平。应急管理能力按照管理的基本职能就应该划分为：应急计划能力、应急组织能力、应急指挥能力、应急协调能力和应急控制能力等几个部分。

本书着重于研究应急管理能力，但没有基础的管理是空洞的，硬件设施是应急管理的支撑平台，若没有硬件的支撑，软管理便是空中楼阁。管理各项职能的实现都需要一定的物质资源保障，“兵马未动，粮草先行”，科学合理地提供应急资源及技术支撑是保障突发事件应急管理的重要环节。因此，物资保障能力也应是应急管理能力指标体系中的一项重要指标。

基于以上分析，可建立起地方高校突发事件应急管理能力一级指标，如图 4.2 所示。

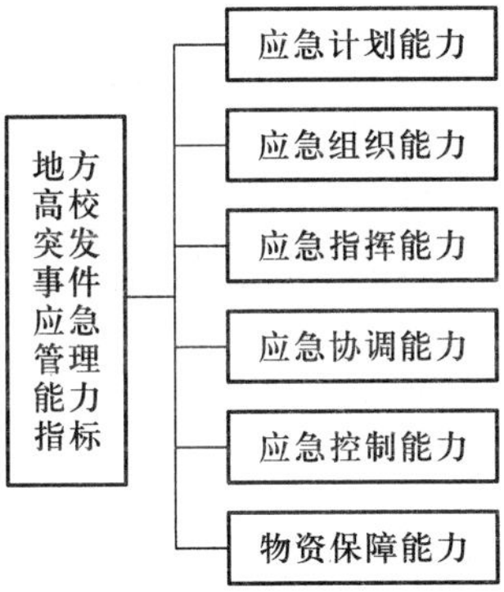


图 4.2 地方高校突发事件应急管理能力一级指标

(1) 应急计划能力。计划是管理的首要职能，包括对未来事件作出预测并以此为基础制定出行动方案，是对未来行动目标和方式在时间和空间上的进一步展开。应急计划是在突发事件发生之前制定的突发事件预案，包括日常行为规范及其他规范性文件、培训计划和恢复计划等。应急计划能力是指突发事件发生前对事件的预测以及在此基础上对未来行动的计划安排能力。现代应急管理理论认为，应急计划能力是贯穿和支撑应急管理全过程的基础性行动。

（2）应急组织能力。应急组织主要指对人的配置，按目标要求设置机构、明确岗位、配备人员、规定权限、赋予职责，并建立一个统一的组织系统。应急组织是在突发事件发生之前就应配备好的，在突发事件发生过程中，就会体现出组织配置是否到位。应急组织能力即为突发事件处理过程中各岗位上人员的配备能力。

（3）应急指挥能力。指挥是指对所属对象的行为进行发令、调度、检查。指挥职能就是运用组织所赋予的权限，发挥领导的权威作用，按计划目标的要求，把所有的管理对象集合起来，形成一个高效的指挥系统，保证人财物在时间和空间上的相互衔接。应急指挥主要是在事件将要发生和发生时才能得以具体体现。应急指挥能力即突发事件发生时发令、调度、决策等方面的能力。

（4）应急协调能力。协调是指使组织内部的每一部分或每一成员的个别行动都能服从整体目标。协调的功能是保证各部门、人员和各项工作不发生矛盾、重叠和冲突，以建立默契的配合关系，保持整体平衡；协调主要通过调整人际关系、疏通环节、达成共识等途径来实现平衡。地方高校应急协调包括对内的协调和对外的协调两部分，对内主要指的是高校内部各部门及人员的相互配合；对外指的是与政府、媒体、警方等方面的相互沟通协调。应急协调能力主要在突发事件发生时才能有所体现，主要指突发事件发生时对内和对外的配合、沟通、协作能力。

（5）应急控制能力。控制主要是指按照既定的目标、计划和标准，对组织活动各方面的实际情况进行检查和调查，发现差距、分析原因、采取措施、予以纠正，使工作能按原计划进行；或根据客观情况的变化，对计划作出适当调整，使其更符合实际。

本文所指的应急控制主要是事前和事后的控制,因为事中的控制主要体现在指挥上。事前控制即指进行风险防范和监测预警,将可能危机消灭在萌芽状态;事后控制主要指的是事后评估、惩处及修订计划等方面。应急控制能力便是指突发事件发生前后的控制能力。

(6) 物资保障能力。保障是作为社会成员之间某种意义上交互动态的有限支撑和支持。物资保障是指通过硬件设施方面的配置和配备对高校内部人员和秩序等实施的保护和支撑,既包括各种物质资源,也包括应急救援所需的技术资源。地方高校突发事件物资保障能力主要体现在资源、资金、通信、医疗、信息系统、工程防御等方面的保障能力。

### 4.2.2 二级指标选取

应急管理的关键成功因素研究为应急管理能力的二级指标选取提供了理论依据。应急管理的关键成功因素研究在国外进行得比较充分,并取得了丰硕的成果。Gopalakrishnan 和 Okada① 认为应急管理成功的因素是集成风险管理,预警、恢复重建、减除政策,相关法律规章和制度,文化、传统和习俗,对当地状况的了解,收集、处理和传递信息的能力,自主决策能力,责任承担,组织间的合作,资源管理优化,非专业组织的参与,经验共享等。Schooley 和

① Gopalakrishnan C., Okada N. Designing new institutions for implementing integrated disaster risk management: Key elements and future directions [J]. Disasters, 2007, 31(2): 353-372.

Horan① 认为运作、组织和管理因素，信息时间服务，行动水平，信息共享程度，技术资源，信任，团队合作，领导力，目标设置，行为评估，沟通，文化差异，参与水平，权责关系，改革能力，角色界定，规章制度，法律政策和财政是应急管理的关键测度因素。Horan、Marich 和 Schooley② 认为应急管理的成功因素有社会技术系统，组织间因素，信息服务及时性，人机交互，组织策略及政策，信息技术的应用等。Corbacioglu 和 Kapueu③ 认为组织弹性，信息基础设施，文化的开放程度，组织的有效合作和信息流都是应急管理成功的关键因素；Kapueu④ 在另一篇文章中将信息系统，高校的资源利用，知识技术，组织对政府的信任等也作为应急管理成功的关键因素。Dawes 等⑤人认为整合能力，信息共享，社会技术架构，政治、社会、经济、文化、组织和技术环境，公众个体和非营利组织的协作，志愿者，领导力，信任，风险管理和沟通，信息和通信技术的有效使用，组织能力和经验是应急管理成功的关键因素。

---

① Sehooley B.L.,Horan T.A.Towards end-to-end government performance management: Case study of interorganizational information integration in emergency medical services (EMS) [J].Governrnent information Quarterly,2007,24(4):755-784.

② Horan T.A., Marich M., Schooley B.Time-critical information services: An Analysis and workshop finding on technology, organizational, and policy dimensions to emergency response and related E-Governmental services[C].ACM international Conference Proceeding Series,2006.

③ Corbaeioglu S.,Kapueu N.Organizational learning and self-adaptation in dynamic disaster environments [J].Disasters,2006,30(2):212-231.

④ Kapueu N.Interagency Communication networks during emergencies: Boundary spanners in multiagency coordination [J]. American Review of Public Administration, 2006, 36(2):207-225.

⑤ Dawes S., Cresswell A. M., Pardo T. A., *et al.* Modeling the social and technical processes of interorganizational information integration [C]. ACM International Conference Proceeding Series,2004.

Dilek 和 Erman 对应急管理的关键成功因素作了进一步总结归纳，这对评价应急管理能力有很重要的参考价值（如表 4.1 所示）。

应急管理过程理论是以过程为主的应急管理能力指标体系构建的基础理论。目前，国际上普遍认可的应急管理过程理论有四种。Fink[①] 对应急管理的阶段划分为征兆期、发作期、延续期和痊愈期，主要强调征兆期的预防作用；米特洛夫认为应急管理应该为五个阶段：信号侦测、探测和预防、控制损害、恢复阶段和学习阶段，把事前的阶段分得更细更具可操作性，主要强调如何预防突发事件，并强调应急管理是一个循环往复的过程；奥古斯丁认为应急管理应划分为六个阶段：避免阶段、准备阶段、确认阶段、控制阶段、解决阶段和获利（从处理过程中获得经验和教训）阶段，主要强调避免、准备、确认三阶段的预防功能，把预防的重要性和经济性提到了新的高度；著名的危机管理专家罗伯特·希斯博士[②]提出了应急管理 4R 理论，即缩减（Reduction，即通过风险评估对突发事件进行更有效管理）、准备（Readiness）、反应（Response）、恢复（Recovery）。希斯的四阶段管理理论已为美国联邦应急管理委员会（FEMA）所采纳，其四阶段内容如图 4.3 所示，是目前最权威的应急管理过程分法，它为应急管理提供了一个完整的研究框架。

国内对高校应急管理的研究主要还处于对西方理论的引进、消化、借鉴阶段，应急管理能力指标体系的研究也基本上是以西方应急管理过程理论为基础的，所以关于应急管理能力指标体系的

---

① Fink S. Crisis management: Planning for the inevitable [M]. New York: American Management Association, 1986.

② 宋英华.突发事件应急管理导论[M].北京：中国经济出版社，2009.

**表 4.1 Dilek 和 Erman 的应急管理关键成功因素模型**

| | | | | |
|---|---|---|---|---|
| 国家应急管理模型 | 技术因素 | 技术基础设施 | 组织因素 | 国家应急计划 |
| | | 通讯网络 | | 组织设计 |
| | | 信息利用 | | 集中式决策 |
| | | 数据/信息共享 | | 组织架构 |
| | | 信息中心 | | 组织层次 |
| | | 有效的早期报警 | | 管理 |
| | 文化因素 | 教育 | | 专业经验 |
| | | 灾害文化 | | 领导力 |
| | | 公众意识 | | 清晰的角色定义 |
| | | 信仰 | | 信任 |
| | | 志愿者 | | 清晰的工作描述 |
| | | 社团 | | 应急计划 |
| | | 非政府组织 | | 合作 |
| | | 培训 | | 沟通 |
| | 社会经济因素 | 国家发展水平 | | 参与的层次 |
| | | 人均 GDP | | 组织资源 |
| | | 应急预算的比重 | | 后勤 |
| | | 基础设施 | | 科学研究 |
| | | 工业化水平 | | 案例文件 |
| | | 交通运输 | | 组织学习 |
| | | 地方设施 | | 演习 |
| | 政治因素 | 政府类型 | | 实践 |
| | | 法制 | | 对变化的抵制 |
| | | 政治架构 | 风险因素 | 地理位置 |
| | | 国家政治文化 | | 气候 |
| | | 立法体系 | | 地质结构 |
| | | 政治意愿 | | 技术 |
| | | 宪章 | | 战略 |
| | | 议会决策 | | 地缘政治 |
| | | 规章制度的制定和执行 | | 不同灾害的应对经验 |
| | | 与国际团体和救援机构的联系 | | |

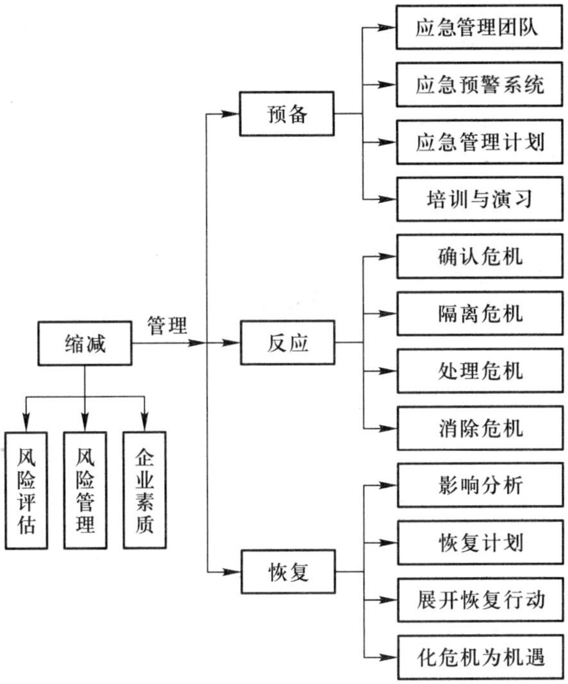


图 4.3 希斯应急管理 4R 理论模型

划分相互之间比较雷同。其中比较有代表性的是刘伟提出的高校应急管理能力的评价指标体系(如图 4.4 所示)。另外,于艳玲分析了美国、英国、日本和我国港澳台地区的高校应急管理体系,总结了我国高校应急管理需要借鉴的经验,提出了我国高等院校应急管理能力指标体系,虽然做了大量工作,但其结果与刘伟所划分的能力指标体系也仅有几处不同。

本书并没有应用应急管理过程理论,而是认为应急管理能力应按照管理的基本职能进行划分。本书的研究重点是在应急管理能力的研究中,既按照管理的基本职能划分,又考虑到突发事件应急管理的过程因素。根据之前所提出的 6 个一级指标,在查阅大量相关文献后,结合地方高校的特色,选定其中最具代表性的 15

套指标体系①,综合提炼选取 37 个二级指标,得出应急管理能力指标,如表 4.2 所示。

---

① Federal Emergency Management Agency, National Emergency Management Association. State Capability Assessment for Readiness, CAR [EB/OL]. http://www.allhandsconsulting.com/toolbox/ SCAR.Doc.

CEMP.Emergency Management Capability Assessment Checklist [EB/OL]. http://www.floridadisaster.org/MIT/Accrewedocuments/Operations/CaPability%20Assessment031.doc, 2001-02.

State of Victoria, Department of Justice. Emergency Management Capability Assessment Checklist [EB/OL]. Brunswick: Almar Press Printing, 2006.

Greenville County Disaster Mitigation Committee. Goals and objectives for the Mitigation Plan [EB/OL]. http://www.greenvillecounty.org/land_development_pdf/goals_and_objectives_for_the_mitigation_Plan.pdf.

William J. Petak. Hazard Mitigation: Essential for Public works [EB/OL]. http://www.hsem.state.mn.us /uploadedfile/recovery_handbook/Chaptel07/Toolkits/Hazmit_publices_works.pdf.

PBS&J. Local Capability Assessment for Hazard Mitigation [EB/OL]. http://www.h2opartnersusa.com /CapabilityAssessment.Pdf.

Arizona Division of Emergency Management. Model Local Hazard Mitigation plan [EB/OL]. http://www.dem.state.az.us/operations/mitigation/MLHMP_Final_No%20Cover.pdf, 2003-11-1.

Michigan Department of State Police. Local Emergency Management Standards [EB/OL]. http://www.michigan.gov/documents/mspemd_pub206_local_standards_8716_7. Pdf, 1998-11.

ICDRM, GWU. Emergency Management principles and Practices for Healthcare Systems [EB/OL]. http://www1.va.gov/emshg/, 2006-06.

NFRA. Standard on Disaster /Emergency Management and Business Continuity Programs (2007Edition) [EB/OL]. http://www.nfpa.org/assets/files/PDF/NFRA1600.pdf, 2006-12.

The Victorian Government Department of Human Services. Strengthening emergency management capability and capacity [EB/OL]. http://www.dhs.vic.gov.au/emergency, 2005-7.

Nathaniel Hupert, M. D., M. P. H., Jason Cuomo, M. R. H., etc. Community-Based Mass Prophylaxis: A Planning Guide for Public Health Preparedness [EB/OL]. http://www.ahrq.gov/ downloads/Pub/bictertools/cbmprophyl.pdf, 2004-08.

Emergency Management Accreditation Program. EMAP Standard [EB/OL]. http://www.emaPonline.org /? 374, 2007-09.

Idaho Bureau of Disaster Services. Local Capability Assessment for Readiness [EB/OL]. http://www.bhs.idaho.gov/bhslibrary/lcar.pdf, 2000-01.

ProVention Risk Reduction Indicators [EB/OL]. http://www.proventionconsortium.org/themes/ default/pdf/TRIAMS_full_paper.pdf, 2006-07.

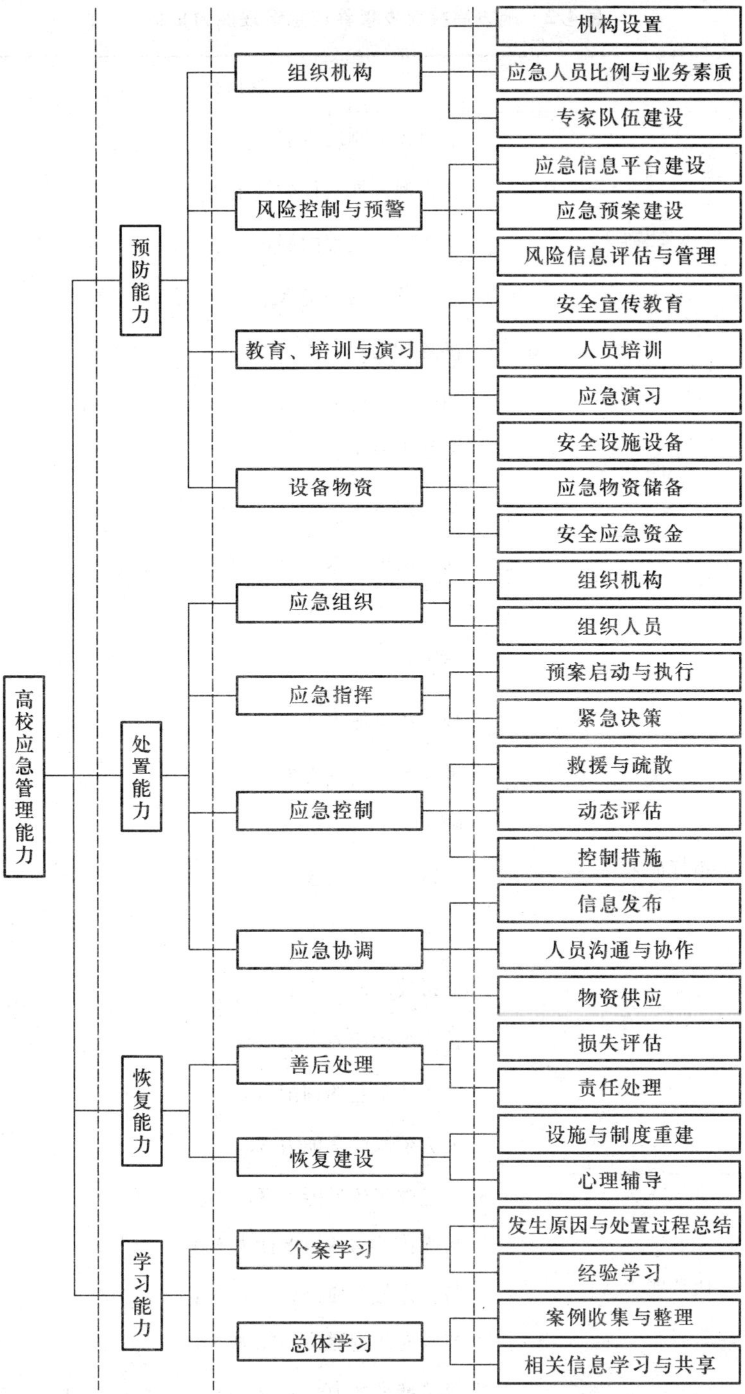


图 4.4　刘伟提出的高校应急管理能力的评价指标体系

**表 4.2　地方高校突发事件应急管理能力指标**

| | 一级指标 | 二级指标 |
|---|---|---|
| 地方高校突发事件应急管理能力 | 计划能力 $X_1$ | 应急预案制定 $X_{11}$ |
| | | 日常规范性文件的制定 $X_{12}$ |
| | | 应急工作流程的制定 $X_{13}$ |
| | | 惩罚条例的制定 $X_{14}$ |
| | | 恢复计划建立 $X_{15}$ |
| | 组织能力 $X_2$ | 职能及岗位配置 $X_{21}$ |
| | | 人员素质 $X_{22}$ |
| | | 队伍建设 $X_{23}$ |
| | 指挥能力 $X_3$ | 临时决策专家组成结构 $X_{31}$ |
| | | 快速反应能力 $X_{32}$ |
| | | 预案启动能力 $X_{33}$ |
| | | 分析决策能力 $X_{34}$ |
| | | 贯彻政府指令能力 $X_{35}$ |
| | | 师生的安抚能力 $X_{36}$ |
| | | 动员师生能力 $X_{37}$ |
| | | 动态预案调整 $X_{38}$ |
| | | 危机控制能力 $X_{39}$ |
| | | 秩序维持能力 $X_{310}$ |
| | | 物质和资金的调配 $X_{311}$ |
| | | 人力资源整合能力 $X_{312}$ |
| | 协调能力 $X_4$ | 信息收集传递能力 $X_{41}$ |
| | | 与媒体的沟通协调能力 $X_{42}$ |
| | | 与警方的沟通协调能力 $X_{43}$ |
| | | 与政府的沟通协调能力 $X_{44}$ |
| | | 应急联动能力 $X_{45}$ |

续表

| | 一级指标 | 二级指标 |
|---|---|---|
| 地方高校突发事件应急管理能力 | 控制能力 $X_5$ | 风险分析及隐患排查（定期检测、预防）$X_{51}$ |
| | | 宣传教育、培训和演习 $X_{52}$ |
| | | 事后问责及惩处 $X_{53}$ |
| | | 保险和赔偿能力 $X_{54}$ |
| | | 事后评估及经验总结能力 $X_{55}$ |
| | | 恢复整改能力 $X_{56}$ |
| | 物资保障能力 $X_6$ | 资源保障能力 $X_{61}$ |
| | | 资金保障能力 $X_{62}$ |
| | | 通信保障能力 $X_{63}$ |
| | | 医疗保障能力 $X_{64}$ |
| | | 信息系统保障能力 $X_{65}$ |
| | | 工程防御保障能力 $X_{66}$ |

各指标来源如表 4.3 所示。其中 A—Federal Emergency Management Agency, National Emergency Management Association; B—CEMP, Emergency Management Capability Assessment Checklist; C—State of Victoria, Department of Justice, Emergeney Management Capability Assessment Checklist; D—Goals and Objectives for the Mitigation; E—Hazard Mitigation: Essential for Public Works; F—Local Capability Assessment for Hazard Mitigation; G—Model Local Hazard Mitigation; H—Local Emergency Management Standard; I—Emergency Management Principles and Practices for Healthcare System; J—Standard on Disaster/Emergeney Management and Business Continuity Programs; K—Strengthening Emergency Management Capability and

Capacity;L—Community-Based Mass Prophylaxis: A Planning Guide for Public Health Preparedness; M—2007 Emergency Management Accreditation Program; N—Local Capability Assessment for Readiness;O—Pro Vention Risk Reduction Indicators。

**表 4.3　地方高校突发事件应急管理能力指标选取**

| 指标 | A | B | C | D | E | F | G | H | I | J | K | L | M | N | O |
|---|---|---|---|---|---|---|---|---|---|---|---|---|---|---|---|
| $X_{11}$ | √ | | √ | | | √ | | √ | √ | √ | | √ | √ | √ | √ |
| $X_{12}$ | √ | | | | | √ | √ | √ | | √ | | | √ | √ | √ |
| $X_{13}$ | √ | √ | | | | | | | | | | | | √ | |
| $X_{14}$ | √ | | | | | | | | | | | | √ | √ | |
| $X_{15}$ | | | | | | √ | √ | | | | | | √ | | |
| $X_{21}$ | √ | | | | | | | | √ | | | | | √ | |
| $X_{22}$ | √ | | | √ | | | | | √ | | | | | √ | |
| $X_{23}$ | | | | | | | | √ | √ | √ | √ | | √ | √ | |
| $X_{31}$ | | | | | | √ | | √ | √ | | √ | | | | |
| $X_{32}$ | | √ | | √ | | | | | | | | √ | | | |
| $X_{33}$ | √ | | √ | √ | | | | | √ | √ | | √ | √ | √ | √ |
| $X_{34}$ | | | | | | | | | | √ | | | √ | | √ |
| $X_{35}$ | | | | | | | | √ | √ | | | | | | |
| $X_{36}$ | √ | √ | | | | | | | | | √ | √ | √ | √ | |
| $X_{37}$ | √ | | | | | | | | | | | | √ | √ | |
| $X_{38}$ | √ | | | | | | | | √ | | | | | √ | |
| $X_{39}$ | | | | | √ | √ | | √ | √ | √ | | | | | √ |
| $X_{310}$ | √ | √ | | √ | | | | | √ | √ | √ | | √ | √ | |
| $X_{311}$ | √ | | √ | | | | | | √ | √ | √ | √ | √ | √ | √ |
| $X_{312}$ | √ | √ | | √ | | | | | √ | | | | | | |
| $X_{41}$ | | √ | | √ | | | | | √ | √ | | | √ | | |
| $X_{42}$ | | √ | | √ | | | | | √ | √ | | | √ | | |
| $X_{43}$ | √ | | | | | | | | | | | | √ | √ | |
| $X_{44}$ | √ | | | | | | | | √ | | | √ | √ | √ | √ |
| $X_{45}$ | √ | √ | | | | | | √ | √ | | | √ | √ | √ | √ |
| $X_{51}$ | √ | | √ | √ | | | | √ | | √ | | √ | √ | √ | √ |
| $X_{52}$ | √ | | | √ | | | | √ | √ | √ | √ | | √ | √ | |

续表

| 指标 | A | B | C | D | E | F | G | H | I | J | K | L | M | N | O |
|---|---|---|---|---|---|---|---|---|---|---|---|---|---|---|---|
| $X_{53}$ | √ | | | | | | | | | | | | | √ | √ |
| $X_{54}$ | √ | | | | | | | | | | | | | | √ |
| $X_{55}$ | √ | | √ | √ | | | | √ | | √ | | √ | √ | √ | √ |
| $X_{56}$ | √ | √ | | √ | | √ | | √ | √ | √ | | √ | √ | √ | √ |
| $X_{61}$ | √ | | √ | | | | | √ | √ | √ | | √ | √ | √ | √ |
| $X_{62}$ | √ | | | | | | | | | √ | | | √ | √ | |
| $X_{63}$ | √ | √ | | √ | | | | √ | √ | √ | √ | √ | √ | √ | |
| $X_{64}$ | | | | | | | | | | | | | | | √ |
| $X_{65}$ | √ | | | | | | | √ | | √ | | | √ | √ | |
| $X_{66}$ | | √ | | | | | | | √ | √ | √ | | | | |

### 4.2.3　各类突发事件应急管理能力的指标选取

表4.2列出的地方高校突发事件应急管理能力指标，是在查阅大量相关文献后，结合地方高校的特点，综合提炼选取的，是理论研究的成果。这种研究成果是否符合我国地方高校的实际？有没有现实的概括能力和解释能力？或者可以概括为另外两个问题，一是提炼出的能力指标，能否涵盖各类突发事件应急管理能力？二是各类突发事件应急管理能力能否支撑提炼出的能力指标？这些问题都需要进行实证检验。

严格地讲，地方高校每个突发事件都会不同程度地带有地域、社会、政治、经济、文化的特别属性，都有校内外两个领域，社会、学校及个人三个层次的不同成因，都有各自独特的形成机理和表现形式，也都需要各自不同的应对方式和应急管理能力。但是，突发事件表现形式不论如何变化，其成因来源基本上可以归结为自然灾害、技术事故和社会事件这三个方面,突发事件产生发展的动态过程基本一致,突发事件的生命周期也大致表现为潜伏期、爆发期、高潮期、缓解期、消退期这样几个阶段,在各阶段也都大致表现出相同的规律。因此,如果以性质作为划分突发事件不同类型的标准,那么,同一类型突发事件,可以归纳提炼出性质基本相似的事件特征及后果风险,可以概括出大致相同的应急管理能力,这就为应急管理能力指标体系的建立提供了类型化视角。

也就是说,同一类突发事件有大致相同的成因、运行及发展内在规律,其应对方式及所需要的应急管理能力应该是大致相同的。相应的,对于不同类型的突发事件,由于其成因、运行及发展内在规律都不相同,应对方式及所需要的管理能力肯定也会有所不同。地方高校突发事件的应急管理能力指标体系所选指标,在针对具体的突发事件类型时理应有所差别,那种以不变应万变的做法,在理论上是错误的,在实践上也是行不通的。有鉴于此,本节在参考第三章所划分的高校突发事件类型的基础上,对不同类型突发事件中地方高校应急管理能力指标的侧重点相应进行了再界定,以对表 4. 2列出的地方高校突发事件应急管理能力指标进行实证检验。

突发事件应急管理能力不但与事件性质直接相关,而且事件参与人数不同,所需要的应急能力也会有所不同。高校突发事件类型若从发生人数的多少来看,大致可以分为个体类和群体类两类。本书第三章已经按事件性质将其分成自然灾害类、安全事故类、公共卫生类、抵制对抗类和舆情信息类等五类。按照人数、性质两个维度,突发事件的分类又会呈现出不同状态。其中若考察事件的原因,自然灾害类又可分为气象灾害、地质灾害、火灾、生物灾害，其发生后果多数是很严重的，并且属于群体事件。安全事故类又可分为重大交通事故类、心理健康类、意外事故类、暴力犯罪类、教学管理类和治安案件类，重大交通事故类、心理健康类、意外事故类、暴力犯罪类、治安案件类多数属于个体事件，教学管理类的发生对象既有个体也有群体。公共卫生类又可分为重大传染疫情、不明原因疾病、重大食物中毒、校内食堂或商店卫生，其中重大传染疫情、校内食堂或商店卫生多属于群体类，重大食物中毒和不明原因疾病多属于个体类事件。抵制对抗类又可分为恐怖事件、学生斗殴、罢课罢餐或罢工罢教、游行、邪教活动或校外流氓闹事、非法集会等，多数属于群体事件。舆情信息类又分为网络管理类、监督政府类、爱国情绪类、谣言类，其中前两者多为个体类事件，后两者多为群体类事件。对个体类事件（个案类），地方高校不需要大规模的调动人力、物力和财力，仅需要在小范围内进行处理即可，只需要协调与媒体的关系并提供医疗及心理辅导等；对于群体类，则需要政府的批示，制定应急策略，调动大量人力、物力和财力，损失评估，事后总结及问责等。

分类是深化研究的一种途径，不同目的可以有不同的分类的视角，不同的视角可以划分出不同的类型。视角选定以后，还可以根据需要划分出不同层次。层次既不能划分过细，使研究显得繁琐；也不能过粗，使研究无法深化。本文对突发事件分类的目的是构建地方高校突发事件应急管理能力指标体系，所以分类及分层都是以应急管理能力研究需要为标准。

基于以上分析，为了对表 4.2 列出的地方高校突发事件应急管理能力指标进行实证检验，首先进行资料的收集和分析。收集国内地方高校已发生的突发事件案例，对其原因、经过、后果和采取的应对措施及经验教训进行搜集整理;收集国外高校突发事件的相关资讯并进行分析。其次,对收集到的资料进行归纳。多次召开专家座谈会,对整理的资料进行聚类和同化,将前文“地方高校突发事件类型”中划分的5大类型根据所需要的应急管理能力的不同进一步细分,安全事故类一级指标再细分为心理健康、重大交通事故和意外事故类、暴力犯罪和治安案件类、教学管理类共4类,舆情信息类一级指标细分为网络管理类和监督政府、爱国情绪、谣言类2种类型。这样原来划分的5种类型,就按应急管理能力再细分为9类。这9种类型的每一类需要大致相同的应急管理能力,而且9类突发事件基本可以涵盖所有地方高校突发事件。最后,进行专家问卷调查。对14所地方高校主管后勤和负责安全稳定的领导以及省级教育行政部门部分相关人员发放专家问卷(问卷见附录1),通过收集到的数据,分析突发事件不同类型的应急管理能力指标以及指标的具体内容(或考察的观测点)。

(1) 自然灾害类

对于自然灾害类突发事件,地方高校与社会其他部门的应对方式没有多少差别,尽管发生原因有很多种,但是其破坏性、事件后果、对此类事件的处理方式等都是大致相同的,因此,我们对此类突发事件进行了统一整理分析。地方高校自然灾害类突发事件应急管理能力的指标体现如表4.4所示。此类突发事件属于群体事件,涉及范围广,调动资金、人力、物力最多,要求的应急管理能力更强。其应急管理能力的表现主要为:宣传、培训、演练,日常安全设施的检测、齐备,逃生路线的明确标志,医疗、群体心理辅导,灾后重建,校园秩序和教学秩序的恢复,对受害师生员工的保险及赔偿等。

表 4.4 地方高校针对自然灾害类的应急管理能力指标体现

| 一级指标 | 二级指标 | 具体内容 |
| --- | --- | --- |
| 计划能力 | 应急预案制定 | 应急预案的制定内容要求明确应急机制中各成员部门及其人员的组成、具体职责、工作措施以及相互之间的协调关系;宣传、培训与演习如何安排及进行;事件发生时如何协调指挥、如何调配资源、如何安置被影响人员等 |
| | 应对规范性文件的制定 | 日常相关文件的制定,培训演习等计划;制定相应应对处置策略;相应法令条例的齐备 |
| | 应急工作流程的制定 | 针对自然灾害类突发事件的处理流程 |
| | 恢复计划建立 | 硬件设施的恢复计划;校园秩序和教学秩序的恢复等计划 |
| 组织能力 | 职能及岗位配置 | 设置应急管理部门,设置组织结构、岗位配置、职务设计、人事安排等 |
| | 人员素质 | 需要具备各类自然灾害突发事件应急管理的能力,有过相应经验 |
| | 队伍建设 | 队伍的定期学习,培训演习等 |
| 指挥能力 | 决策专家组成结构 | 从队伍建设、处理经验、业务素质、道德素养四方面体现 |
| | 快速反应能力 | 救援指挥中心建立时间和救援人员到达的时间 |
| | 救援队伍组织能力 | 专业救援队伍能力,其中包括医疗能力、后勤保障能力和心理辅导能力等 |
| | 预案启动能力 | 及时准确选择预案并启动预案 |
| | 平战结合能力 | 是否做到平战结合的实施 |
| | 分析决策能力 | 是否具备信息分析决策能力 |
| | 救援能力 | 指挥搜救能力;是否具备规范化的处置程序 |
| | 秩序维持能力 | 维持校园秩序、维持救援秩序 |
| | 贯彻政府指令能力 | 对政府指令的领悟及贯彻能力 |
| | 师生的安抚能力 | 对师生员工的心理安抚,避免引发更大骚乱或暴动 |

续表

| 一级指标 | 二级指标 | 具体内容 |
|---|---|---|
| 指挥能力 | 动态预案调整 | 事件发生变化后的动态调整，即随机应变解决问题的能力 |
| | 资金调动使用能力 | 资金调动是否到位并且充足 |
| | 资源调配 | 是否根据应急工作的需要，及时调配救援所需资源 |
| | 人力资源整合能力 | 应急小组调动能力、社会团体与志愿者的参与等 |
| | 危机控制能力 | 是否采取应急措施，防止事件的蔓延和恶化 |
| 协调能力 | 信息收集传递能力 | 信息收集能力、信息传递能力、信息内容的完整性、信息的时间性 |
| | 应急联动能力 | 与其他高校的应急联动情况 |
| | 与政府沟通协调能力 | 与政府及相关业务部门的请示汇报及相互沟通能力 |
| | 与媒体沟通协调能力 | 与媒体之间的关系及沟通能力 |
| | 组织协调能力 | 主要指处理应急事件过程中组织的相互协调和与外部的合作能力 |
| 控制能力 | 风险分析及隐患排查 | 安全设备定期检查、逃生通道的开放等 |
| | 安全宣传教育 | 包括宣传内容、宣传方式、宣传范围和宣传周期 |
| | 培训和演习 | 定期举行安全培训和逃生演习，增加校内人员面对突发事件的逃生能力 |
| | 信息系统建设能力 | 从信息系统的监测、预警、采集、处理、传输等方面来体现 |
| | 监测能力 | 监控设施的配置及运作 |
| | 恢复能力 | 校园硬件设施的恢复能力、校园秩序恢复能力 |
| | 事后评估及经验总结能力 | 经济损失的评估能力、对事件评估能力、人员损失的评估能力、应急技术应用能力评估、受害人需求评估能力；是否进行经验总结，总结能力如何，能否通过总结进一步完善相应文件 |
| | 保险及赔偿能力 | 与保险公司的沟通协调，向政府及相关部门、社会组织争取赔偿救助资金的能力 |
| | 决策效果 | 决策效果优劣的评价 |

续表

| 一级指标 | 二级指标 | 具体内容 |
| --- | --- | --- |
| 物资保障能力 | 资源保障能力 | 指资源的配备能力，如救生衣、食物、水等 |
| | 资金保障能力 | 指资金到位与否、充分与否 |
| | 通讯保障能力 | 指通讯网络、信息传输通道等的保障能力 |
| | 医疗保障能力 | 指医疗技术、设备的保障能力 |
| | 信息系统保障能力 | 指网络信息系统的通畅能力等 |
| | 工程防御保障能力 | 指建筑物配备的逃生通道、场地、交通通道等 |

从表 4.2 与表 4.4 的对照可以看出，其中组织能力、资金保障能力两个一级指标的二级指标完全相同；计划能力一级指标中的二级指标，表 4.4 比表 4.2 少了“惩罚条例的制定”一项，主要考虑的是自然灾害类突发事件是非人力因素所致，这类事件以救援为主，地方高校内部人为失误的成分较少，不需要事后惩罚；指挥能力一级指标表 4.2 有 12 个二级指标，表 4.4 有 15 个二级指标，表 4.4 比表 4.2 少了与警方的协调能力一项，是因为这种事件的救援很少需要警方参与，而多出的几个指标主要是针对自然灾害类突发事件的特点，特别强调了救援队伍组织能力、救援能力和平战结合能力；协调能力一级指表 4.2 共有 6 个二级指标，表 4.2 共有 9 个二级指标，表 4.4 比表 4.2 少了事后问责及惩处一个二级指标，却多出了信息系统建设能力、监测能力、决策效果等几项应对自然灾害类突发事件所需要的独特能力，并且根据重要性将宣传教育培训和演习拆分为安全宣传教育、培训和演习两个二级指标。

(2) 安全事故类

地方高校的学术性特征，决定了其安全事故类突发事件与社会其他部门有着不同的成因，不同的表现形式，也就需要不同的应急管理能力。而且从地方高校内部来看，各种安全事故类突发事件之间性质差别较大，从应急管理的视角，起码应当再细分心理健康类、重大交通事故和意外事故类、暴力犯罪和治安案件类、教学管理类等几种类型。

① 地方高校心理健康类突发事件。地方高校心理健康类突发事件应急管理能力的指标表现如表4.5所示。由于该类突发事件属于个案类，其主要侧重点在新生心理普查、定期的心理检测、平时的心理辅导、平时的行为监测、思想教育等。

**表4.5　地方高校针对心理健康类的应急管理能力指标体现**

| 一级指标 | 二级指标 | 具体内容 |
| --- | --- | --- |
| 计划能力 | 应急预案制定 | 同表4.4对应项 |
| | 应对规范性文件的制定 | 应对策略的制定 |
| 组织能力 | 职能及岗位配置 | 设置应急管理部门，设置心理咨询中心、岗位配置、职务设计、人事安排等；需要有心理咨询师 |
| | 人员素质 | 需要具备心理咨询师等级资格证书，并有过相应经验 |
| | 队伍建设 | 主要指心理咨询师的数量 |
| 指挥能力 | 快速决策能力 | 对个案的处理往往不需要太多部门参与，因此针对直接负责人员下达并传递决策方案即可 |
| | 师生的安抚能力 | 安抚受事件影响的周围师生，并进行心理干预 |
| | 动员师生能力 | 动员、组织、鼓励周围师生及时发现、汇报并积极采取措施，使周围师生主动配合的能力 |
| | 资源调配 | 是否根据应急工作的需要，及时调配救援所需资源 |
| 协调能力 | 信息收集传递能力 | 及时收集信息并反馈信息 |
| | 与媒体沟通协调能力 | 与媒体之间的关系及沟通能力 |
| 控制能力 | 对问题人员的备案及监测 | 对学生进行心理健康普查，对有病史的个案进行备案并发动周围师生随时监测 |

续表

| 一级指标 | 二级指标 | 具体内容 |
|---|---|---|
| 控制能力 | 定期心理检测 | 定期对个案人员进行心理测评，防止突发情况的发生 |
| | 宣传及思想教育 | 包括宣传内容、宣传方式、宣传范围和宣传周期，对于校园内全体师生进行思想教育，开设心理健康教育课程、讲座，防止心理问题的发生 |
| | 医疗及心理辅导能力 | 包括医疗能力和心理辅导能力 |
| | 恢复能力 | 主要指个案及周围相关人员的恢复状况 |
| | 事后评估 | 对事件评估能力、人员损失的评估能力 |
| 物资保障能力 | 技术、医疗保障能力 | 指技术、医疗设施等的配备能力 |

心理健康类突发事件在地方高校有着特别的重要性，中共中央、国务院《关于进一步加强和改进大学生思想政治教育的意见》中，将心理健康教育作为大学生思想政治教育的四项重要内容之一加以强调，教育部及各省级教育行政部门都要求高校要开设专门的心理健康教育课程、设立心理健康咨询中心。现在的问题是各地方高校课程开设不规范，心理咨询中心设备配备严重不足、专业心理咨询师缺乏、咨询活动开展不经常、水平不高。但从突发事件应急管理的角度来看，尽管此类事件比较普遍，但多是个案性突发事件，对应急管理能力要求并不高，所以，表4.5比表4.2的二级指标要少出很多项。

② 重大交通事故和意外事故类突发事件。关于这类事件，地方高校与社会其他部门的应对策略没有本质差异。而且重大交通事故和意外事故类突发事件，尽管二者成因不同，但性质相同，处理方式类似，所需应急管理能力也大体一致，这里放在一起作为一

种类型进行研究。地方高校应对此类突发事件应急管理能力表现如表4.6所示。这两类事故基本属于个案类,主要侧重点在安全知识的宣传,与媒体之间的沟通,安全设施的监测,相关设备的定期维护,对遇难者的医疗、心理辅导、保险的处理,对遇难者家属的安抚及赔偿等方面。

**表4.6 地方高校针对重大交通事故类和意外事故类的应急管理能力指标体现**

| 一级指标 | 二级指标 | 具体内容 |
| --- | --- | --- |
| 计划能力 | 应急预案制定 | 同表4.4对应项 |
| | 应对规范性文件的制定 | 设备管理条例、保险条例、抚恤条例 |
| | 恢复计划建立 | 如遇爆炸类突发事件,则需要有恢复设备及校园秩序恢复的计划 |
| 组织能力 | 职能及岗位配置 | 设置应急管理部门,设置组织结构、岗位配置、职务设计、人事安排等 |
| | 人员素质 | 需要具备此类突发事件应急管理的能力,有过相应经验 |
| 指挥能力 | 快速反应能力 | 救援指挥中心建立时间 |
| | 分析决策能力 | 是否具备信息分析决策能力 |
| | 救援能力 | 是否具备规范化的处置程序 |
| | 决策效果 | 决策效果优劣的评价 |
| | 危机控制能力 | 是否采取应急措施,防止突发事件的进一步蔓延 |
| 协调能力 | 信息收集传递能力 | 信息收集能力、信息传递能力、信息内容的完整性、信息的时间性 |
| | 与媒体沟通协调能力 | 与媒体之间的关系及沟通能力 |
| 控制能力 | 风险分析及隐患排查 | 对设备等的日常定期维护 |
| | 安全宣传教育 | 包括宣传内容、宣传方式、宣传范围和宣传周期,使校内师生远离危险源并防止以身犯险 |

续表

| 一级指标 | 二级指标 | 具体内容 |
|---|---|---|
| 控制能力 | 培训和演习 | 定期举行安全培训和逃生演习,增加校内师生员工面对突发事件的逃生能力 |
| | 保险处理能力 | 对受难者保险处理的能力 |
| | 医疗及心理辅导能力 | 包括医疗能力和心理辅导能力 |
| | 赔偿能力 | 对受难者或其家属的安抚及赔偿能力 |
| | 恢复能力 | 校园秩序和硬件设施的恢复能力 |
| | 事后评估 | 经济损失的评估能力、对事件评估能力、人员损失的评估能力、应急技术应用能力评估、受害人需求评估能力 |
| | 整改能力 | 例如对于食堂商店类公共卫生事件的整改的力度等 |
| | 经验总结能力 | 是否进行经验总结,总结能力如何,并通过总结进一步完善相应文件 |
| 物资保障能力 | 资金保障能力 | 指资金的配备能力 |
| | 医疗保障能力 | 指技术、医疗设施等的配备能力 |
| | 安全设施的监测 | 对一些高危设施的预警 |

重大交通事故和意外事故类突发事件虽然都是人命关天的大事,但基本都是个案类事件,牵涉面较小,事发后所需的指挥及协调工作量较小,但事前及事后处置的控制能力要求较高,从表 4.2 与表 4.6 的比较可以看出,计划能力、组织能力、指挥能力和物资保障能力 4 个一级指标所牵涉的二级指标,表 4.6 都比表 4.2 少,但控制能力表 4.2 只有 5 项指标,表 4.6 却有 10 项指标。其中教育和培训演习、恢复和整改、保险和赔偿、评估和总结在表 4.2 中作为一个指标,在表 4.6 中都分成两个指标设置,以强调这些指标在应对此类事件中的特殊重要性。

③ 暴力犯罪和治安案件类突发事件。此类突发事件，大多属于个案类，师生既可能是受害者，也可能是犯罪嫌疑人。地方高校暴力犯罪和治安案件类突发事件应急管理能力的指标表现如表4.7所示。应急管理能力指标的要求主要表现在正确的宣传教育、自我保护意识的培养、与警方的沟通、校保卫处的执行能力、对受害人的心理辅导、惩罚和处分犯罪分子等方面。

**表 4.7　地方高校针对暴力犯罪和治安案件类的应急管理能力指标体现**

| 一级指标 | 二级指标 | 具体内容 |
| --- | --- | --- |
| 计划能力 | 应急预案制定 | 同表 4.4 对应项 |
| | 应对规范性文件的制定 | 相应法令条例 |
| 组织能力 | 职能及岗位配置 | 设置应急管理部门，设置组织结构、岗位配置、职务设计、人事安排等 |
| | 人员素质 | 需要具备此类突发事件应急管理的能力，有过相应经验 |
| 指挥能力 | 快速反应能力 | 相关人员到达事件现场所需时间 |
| | 分析决策能力 | 是否具备信息分析决策能力 |
| 协调能力 | 信息收集传递能力 | 信息收集能力、信息传递能力、信息内容的完整性、信息的时间性 |
| | 与媒体沟通协调能力 | 与媒体之间的关系及沟通能力 |
| | 与警方的沟通协调能力 | 协助警方处理事件，报警及相互沟通能力 |
| 控制能力 | 风险分析及隐患排查 | 加强人防、物防、技防力量；做好对重点人的监控及教育 |
| | 安全宣传教育 | 包括宣传内容、宣传方式、宣传范围和宣传周期 |
| | 自我保护意识的培养 | 辅导员的教育、提醒、组织学习等 |
| | 心理辅导能力 | 对受害者的心理辅导 |
| | 校保卫处的实战能力 | 校保卫处控制突发事件的能力 |

续表

| 一级指标 | 二级指标 | 具体内容 |
| --- | --- | --- |
| 控制能力 | 事后评估 | 对事件评估能力、受害人需求评估能力 |
| | 回复整改能力 | 对事件波及师生的心理干预,修补软件管理及硬件设施漏洞 |
| | 惩罚和处分 | 惩罚和处分犯罪分子 |
| 物资保障能力 | 资源保障能力 | 指警棍等制止暴力犯罪问题所需的工具 |
| | 通讯保障能力 | 指通讯网络、信息传输通道等的保障能力 |

暴力犯罪和治安案件类突发事件,大多属于个案类。由于此类事件性质恶劣,事件发生后,大多数都需要警方的介入处理。对于地方高校而言,关键是事前要加强风险分析及隐患排查,加强学生的思想教育,尽量减少或者避免此类事件的发生;事后要加强对周围师生的心理干预,做好恢复工作。

④ 教学管理突发事件。随着大学生民主自由意识的增强,教学管理类突发事件呈明显上升趋势。这里既有地方高校教学管理不适应大众化高等教育要求的问题,也有大众化形势下一些大学生学习动力不足、学习积极性不高的问题。应该提高政策水平和管理水平,积极应对,既要严格管理,也要人性化管理。地方高校教学管理突发事件应急管理能力的指标表现如表4.8所示。对于教学管理类,应急管理的侧重点在思想教育、培训、监控设施的到位、屏蔽信号的手段、监测人员的配置、秩序的维护、相应的惩罚措施、问责机制等。

教学管理突发事件是高校特有的事件,与高校外部关系不大,资源保障需求较少。此类事件的应急管理应当与日常管理相结合,应当与日常思想政治教育相结合。

表 4.8 地方高校针对教学管理类的应急管理能力指标体现

| 一级指标 | 二级指标 | 具体内容 |
|---|---|---|
| 计划能力 | 应急预案制定 | 同表 4.4 对应项 |
| | 应对规范性文件的制定 | 应对处置策略的制定、相应法令条例的齐备 |
| | 应急工作流程的制定 | 事件的处理流程 |
| | 惩罚条例的制定 | 对违规师生及相关人员的惩罚条例及措施 |
| 组织能力 | 职能及岗位配置 | 设置应急管理部门,设置组织结构、岗位配置、职务设计、人事安排等;对考试问题,监考人员的配置尤为重要 |
| | 人员素质 | 需要具备此类突发事件应急管理的能力,有过相应经验 |
| 指挥能力 | 决策专家组成结构 | 从队伍建设、处理经验、专业素质、道德素养四方面体现 |
| | 快速反应能力 | 突发事件指挥中心建立时间 |
| | 分析能力 | 是否具备信息分析决策能力 |
| | 动态预案调整 | 事件发生变化后的动态调整 |
| | 事件处置能力 | 是否具备规范化的处置程序 |
| | 事件控制能力 | 是否采取应急措施,防止突发事件的进一步蔓延 |
| 协调能力 | 信息收集传递能力 | 信息收集能力、信息传递能力、信息内容的完整性、信息的时间性 |
| | 应急联动能力 | 与其他高校的应急联动情况 |
| | 与媒体沟通协调能力 | 与媒体之间的关系及沟通能力 |
| 控制能力 | 监测能力 | 监控设施的配置及运作 |
| | 宣传教育及培训 | 例如考前宣传教育,培训等 |
| | 事后评估 | 经济损失的评估能力、对事件评估能力、应急技术应用能力评估 |
| | 事后问责及惩处 | 对相应人员进行惩罚和处分 |
| | 经验总结能力 | 是否进行经验总结,总结能力如何,并通过总结进一步完善相应文件 |
| | 整改能力 | 对于相应设施的更新换代等能力 |
| 物资保障能力 | 资源保障能力 | 指摄像头、监控仪、屏蔽仪等的配备能力 |
| | 信息系统保障能力 | 信息系统的防御能力、系统的稳固性等能力 |

(3)公共卫生类

关于公共卫生类突发事件,社会上已经有相对成熟的应对策略和可资借鉴的经验,由于高校自身医疗设备和医疗人员能力有限,所以面对这类事件往往显得手忙脚乱。对于群体类事件,高校需要调动校内外所需资源,其管理的重点在预防、医疗、卫生、宣传、疫情控制等方面;对于个体类事件,主要体现在医疗方面。由于个体类所涉及范围小,故此处不专门列出个体类突发事件的应急能力指标。对于群体性公共卫生类突发事件,地方高校应急管理能力的指标表现如表 4.9 所示。

**表 4.9　地方高校针对公共卫生类的应急管理能力指标体现**

| 一级指标 | 二级指标 | 具体内容 |
|---|---|---|
| 计划能力 | 应急预案制定 | 同表 4.4 对应项 |
| | 应对规范性文件的制定 | 公共卫生事件发生之后,针对社会传染类和校园内饮食类分别制定相应应对处置策略;相应法令条例的齐备 |
| | 应急工作流程的制定 | 针对公共卫生事件的处理流程 |
| | 恢复计划建立 | 对于传染类疾病,隔离房间的恢复,医疗事项的恢复;校园秩序的恢复等计划;对于食堂商店,整顿后秩序营业的恢复计划 |
| 组织能力 | 职能及岗位配置 | 设置应急管理部门,设置组织结构、岗位配置、职务设计、人事安排等 |
| | 人员素质 | 需要具备此类突发事件应急管理的能力,有过相应经验 |
| | 队伍建设 | 队伍的定期学习培训等 |
| 指挥能力 | 决策专家组成结构 | 从队伍建设、处理经验、业务素质、道德素养四方面体现 |
| | 快速反应能力 | 救援指挥中心建立时间 |

续表

| 一级指标 | 二级指标 | 具体内容 |
| --- | --- | --- |
| 指挥能力 | 救援队伍组织能力 | 专业救援队伍能力,其中包括医疗能力、后勤保障能力和心理辅导能力;对未生病师生的预防,对已生病师生的隔离治疗以及心理辅导以减轻其心理压力 |
| | 预案启动能力 | 及时准确启动预案 |
| | 分析决策能力 | 是否具备信息分析决策能力 |
| | 贯彻政府指令能力 | 对政府指令的领悟及贯彻能力 |
| | 师生的安抚能力 | 对师生员工的心理安抚,避免引发更大骚乱或暴动 |
| | 动员师生能力 | 动员师生维持秩序,开展自救 |
| | 秩序维持能力 | 维持正常校园教学科研生活秩序 |
| | 动态预案调整 | 疫情发生变化后的动态调整 |
| | 资金调动使用能力 | 资金调动是否到位并且充足 |
| | 临时设施资源调配 | 是否根据应急工作的需要,及时调配救援所需资源 |
| | 处置能力 | 是否具备规范化的处置程序 |
| | 危机控制能力 | 是否采取应急措施,防止突发事件的进一步蔓延 |
| 协调能力 | 信息收集传递能力 | 信息收集能力、信息传递能力、信息内容的完整性、信息的时间性,例如对社会传染类事件,准确理解政府对高校的指示,将校园情况及时准确反馈给政府等 |
| | 应急联动能力 | 与其他高校的应急联动情况 |
| | 与政府沟通协调能力 | 与政府及政府相关业务部门及职能部门的沟通协调能力 |
| | 与媒体沟通协调能力 | 与媒体之间的关系及沟通能力 |
| | 组织协调能力 | 主要指处理应急事件过程中地方高校内部的相互协调和与外部的合作能力 |

续表

| 一级指标 | 二级指标 | 具体内容 |
| --- | --- | --- |
| 控制能力 | 风险分析及隐患排查 | 科学管理手段、专家组成结构、控制效果、成功率 |
| | 安全宣传教育 | 包括宣传内容、宣传方式、宣传范围和宣传周期，对于公共卫生类最主要通过海报、漫画等宣传，尤其是春秋季流感多发期，更应关注宣传教育 |
| | 预防能力 | 例如为学生配发口罩、食堂为学生熬制预防感冒汤等 |
| | 医疗能力 | 医生水平、面对流感病菌的感知等能力、处理类似事件经验 |
| | 恢复能力 | 校园秩序恢复能力、事后补偿能力 |
| | 事后评估 | 经济损失的评估能力、对事件评估能力、人员损失的评估能力、应急技术应用能力评估、受害人需求评估能力 |
| | 决策效果 | 决策效果优劣的评价 |
| | 经验总结能力 | 是否进行经验总结，总结能力如何，并通过总结进一步完善相应文件 |
| | 整改能力 | 例如对于校内食堂商店类公共卫生事件的整改的力度等 |
| 物资保障能力 | 资源保障能力 | 指资源的配备能力，例如食堂用具消毒、菜蔬新鲜、肉类新鲜正规检测等 |
| | 医疗保障能力 | 指医疗技术、设备的保障能力 |

从表4.2与表4.9的比较可以看出，两表一级二级指标基本相同，其差别主要是表4.9中物资保障能力一级指标只包含两项二级指标，比表4.2的6项少4项，说明国家公共卫生类突发事件的应对策略相对比较成熟，一旦发生，只要按预案规定处置即可，不需要地方高校在物资保障方面有过多投入。

(4) 抵制对抗类

抵制对抗类突发事件，属于群体类事件，尽管发生面广，影响面大，但事件处理方式基本类似，故不作细分。地方高校抵制对抗类突发事件应急管理能力的指标表现如表 4.10 所示。此类事件，

**表 4.10　地方高校针对抵制对抗类的应急管理能力指标体现**

| 一级指标 | 二级指标 | 具体内容 |
|---|---|---|
| 计划能力 | 应急预案制定 | 同表 4.4 对应项 |
| | 应对规范性文件的制定 | 对此类突发事件的应对处置策略；相应法令条例的齐备，日常文件的制定 |
| | 惩罚条例的制定 | 制定对引发事件的人或单位进行问责的规定 |
| | 应急工作流程的制定 | 针对此类突发事件的处理流程 |
| | 恢复计划建立 | 校园秩序的恢复等计划 |
| 组织能力 | 职能及岗位配置 | 设置应急管理部门，设置组织结构、岗位配置、职务设计、人事安排等 |
| | 人员素质 | 需要具备各类突发事件应急管理的能力，有过相应经验 |
| | 队伍建设 | 队伍的定期学习培训等 |
| 指挥能力 | 决策专家组成结构 | 从队伍建设、处理经验、专业素质、道德素养四方面体现 |
| | 快速反应能力 | 救援指挥中心建立时间 |
| | 预案启动能力 | 及时准确启动预案 |
| | 分析决策能力 | 是否具备信息分析决策能力 |
| | 贯彻政府指令能力 | 对政府指令的领悟及贯彻能力 |
| | 师生的安抚能力 | 对师生员工的心理安抚，避免引发更大骚乱或暴动 |
| | 动员师生能力 | 动员师生维持校园秩序 |
| | 动态预案调整 | 事件发生变化后的动态调整 |
| | 物质资金调配 | 是否根据应急工作的需要，及时调配救援所需资金资源 |
| | 秩序维持能力 | 保持校园正常教学科研秩序 |
| | 处置问题能力 | 是否具备规范化的处置程序 |
| | 危机控制能力 | 是否采取应急措施，防止突发事件的进一步蔓延 |
| | 人力资源整合能力 | 是否有整合全校所有师生员工应对事件、平息事件的能力 |

续表

| 一级指标 | 二级指标 | 具体内容 |
|---|---|---|
| 协调能力 | 信息收集传递能力 | 信息收集能力、信息传递能力、信息内容的完整性、信息的时间性 |
| | 应急联动能力 | 与其他高校的应急联动情况 |
| | 与媒体沟通协调能力 | 与媒体之间的关系及沟通能力 |
| | 与政府沟通协调能力 | 主要指处理应急事件过程中与政府的沟通协调能力 |
| | 与警方沟通协调能力 | 主要指处理应急事件过程中地方高校内部的相互协调和与外部特别是警方的合作能力 |
| 控制能力 | 风险分析及隐患排查 | 对新出台的牵涉师生员工利益的政策要进行风险评估 |
| | 安全宣传教育 | 包括宣传内容、宣传方式、宣传范围和宣传周期 |
| | 恢复整改能力 | 校园秩序恢复能力、事后政策调整能力 |
| | 事后评估 | 经济损失的评估能力、对事件评估能力、人员损失的评估能力、应急技术应用能力评估、受害人需求评估能力 |
| | 事后问责及惩处 | 对引发事件的人员和单位进行问责及处理 |
| | 决策效果评估 | 决策效果优劣的评价 |
| | 经验总结能力 | 是否进行经验总结,总结能力如何,并通过总结进一步完善相应文件 |
| 物资保障系统能力 | 资源保障能力 | 指资源的配备能力 |
| | 信息系统保障能力 | 信息系统的防御能力、系统的稳固性等能力 |
| | 通信保障能力 | 指通讯网络、信息传输通道等的保障能力 |

对地方高校人力物力各方面资源的配备要求很高。其对应急管理能力的要求主要表现为:及时的报警、校保卫处的及时参与、领导的及时决策、对师生员工的及时安抚、与媒体的沟通、与政府的沟通、对动态事件的应变能力、与其他高校的联动能力等。

地方高校抵制对抗类突发事件具有扩散公众性、群体复杂性等特点，影响广泛，处理难度大，需要较高的应急管理能力。从表 4.2与表 4.10 的对比中可以看出，两表在计划能力、组织能力、指挥能力、协调能力控制能力各项一级指标所涉及的二级指标基本相同，所不同的是表 4.10 中物资保障能力一级指标中只有 3 项二级指标，比表 4.2 相应一级指标少了资金保障、医疗保障、工程防御保障等 3 个二级指标。这是因为抵制对抗类突发事件一般不会发生人员伤亡，也不会对校内基本设施造成破坏。

（5）舆情信息类

舆情信息类突发事件的成因极其复杂，既可能是国内社会因素引起的，也可能受国际事件的影响，而且与现代信息技术手段的应用密切相关，越来越多的群体性事件借由网络等现代传播手段而发起或升级。师生通过手机、QQ、微博等建立联系，发布信息，报道现场情况，为群体性事件重重地烙上了网络化信息化的印记。这类事件大多从集体散步、集会、静坐开始，发展到小规模的语言暴力和行为冲突，最初的和平性利益诉求，大多很快地就会夹杂了一些“嵌入性”的骚乱，造成的社会影响大，后果比较严重。地方高校舆情信息类突发事件又可分为网络管理类、监督政府类、爱国情绪类和谣言类几种类型。

① 网络管理类。舆情信息类中网络管理类突发事件，应急管理的侧重点在技术设施的配备能力、关键技术的掌握、技术人员的配置、信息检索分辨能力等，地方高校应急管理能力具体表现如表 4.11所示。

表 4.11 地方高校针对网络管理类的应急管理能力指标体现

| 一级指标 | 二级指标 | 具体内容 |
|---|---|---|
| 计划能力 | 应急预案制定 | 同表 4.4 对应项 |
| | 应对规范性文件的制定 | 对此类突发事件的应对处置策略;相应法令条例的齐备,日常文件的制定 |
| | 应急工作流程的制定 | 针对此类突发事件的处理流程 |
| 组织能力 | 职能及岗位配置 | 校网络管理中心设置岗位、配置专门技术人员进行网络管理与监控 |
| | 人员素质 | 掌握关键技术,有过相应经验 |
| 指挥能力 | 分析能力 | 分析网络入侵来源、危害程度等 |
| | 事件处置能力 | 如何处置事件,处置效果如何 |
| | 事件控制能力 | 是否采取一定措施,防止事件的进一步蔓延 |
| 协调能力 | 信息收集传递能力 | 信息收集能力、信息传递能力、信息内容的完整性、信息的时间性 |
| | 应急联动能力 | 与其他高校的应急联动情况,其他高校是否同时出现此问题,是否需要一致行动等 |
| 控制能力 | 监测能力 | 监控设施及设备的配置及运作 |
| | 风险分析 | 风险源识别能力、信息检索分辨能力 |
| | 事后评估 | 对事件评估能力、应急技术应用能力评估 |
| | 经验总结能力 | 是否进行经验总结,总结能力如何,并通过总结进一步完善相应文件 |
| 物资保障系统能力 | 资源保障能力 | 技术设施的配备是否齐备 |
| | 信息系统保障能力 | 信息系统的防御能力、系统的稳固性等能力 |

网络管理类突发事件的起因是高科技,也需要高科技手段方能有效应对。独特的成因、独特的事件运行及发展内在规律,需要相应的应急管理能力。表 4.11 比表 4.2 少许多二级指标,正是这种独特性的反映。

② 监督政府类、爱国情绪类和谣言类。这三类突发事件,尽

管成因差异较大，但对地方高校应急管理的要求大致相同，因此可放在一起研究。其应急管理的侧重点在稳定秩序、平复情绪、制止谣言、引导教育等，能力指标具体表现如表 4.12 所示。

**表 4.12　地方高校针对监督政府、爱国情绪和谣言类的应急管理能力指标体现**

| 一级指标 | 二级指标 | 具体内容 |
| --- | --- | --- |
| 计划能力 | 应急预案制定 | 同表 4.4 对应项 |
| | 应对规范性文件的制定 | 对此类突发事件的应对处置策略；相应法令条例的齐备，日常文件的制定 |
| | 惩罚条例的制定 | 制定组织策划者进行问责的规定 |
| | 应急工作流程的制定 | 针对此类突发事件的处理流程 |
| | 恢复计划建立 | 校园秩序的恢复等计划 |
| 组织能力 | 职能及岗位配置 | 设置应急管理部门，设置组织结构、岗位配置、职务设计、人事安排等 |
| | 人员素质 | 需要具备此类突发事件应急管理的能力，有过相应经验 |
| | 队伍建设 | 队伍的定期学习培训等 |
| 指挥能力 | 决策专家组成结构 | 从队伍建设、处理经验、专业素质、道德素养四方面体现 |
| | 分析决策能力 | 是否具备信息分析决策能力 |
| | 预案启动能力 | 及时准确启动预案 |
| | 快速反应能力 | 指挥中心建立时间 |
| | 贯彻政府指令能力 | 对政府旨意的领悟及贯彻能力 |
| | 师生安抚能力 | 稳定师生员工情绪，防止被煽动 |
| | 危机控制能力 | 是否及时澄清事实，摆明态度，引导校内师生员工正视突发事件；是否采取应急措施，防止突发事件的进一步蔓延 |
| | 动态预案调整 | 事件发生变化后的动态调整 |
| | 动员师生能力 | 动员师生维持校园秩序 |
| | 秩序维持能力 | 能否控制校园秩序，不引起骚乱 |

续表

| 一级指标 | 二级指标 | 具体内容 |
|---|---|---|
| 指挥能力 | 物质和资金调配 | 是否根据应急工作的需要,及时调配救援所需资金资源 |
| | 人力资源整合能力 | 是否有整合全校所有师生员工应对事件、平息事件的能力 |
| 协调能力 | 信息收集传递能力 | 信息收集能力、信息传递能力、信息内容的完整性、信息的时间性 |
| | 应急联动能力 | 与其他高校的应急联动情况 |
| | 与政府沟通协调能力 | 主要指处理应急事件过程中与政府的沟通协调能力 |
| | 与警方沟通协调能力 | 主要指处理应急事件过程中与警方的合作能力 |
| | 与媒体沟通协调能力 | 与媒体之间的关系及沟通能力,通过媒体传输信息能力 |
| 控制能力 | 风险分析及隐患排查 | 对国内外局势的分析,对敌对势力渗透的排查,对重大敏感时间点的关注 |
| | 恢复整改能力 | 校园秩序恢复能力 |
| | 宣传教育 | 平时的宣传教育等 |
| | 事后问责及惩处 | 对参与事件人员的教育和对负有时间组织策划者的问责及处理;要注意政策界限,对没有触犯刑律大学生以批评教育为主 |
| | 事后评估与经验总结能力 | 是否进行学校此类事件的评估,是否进行经验总结,总结能力如何,并通过总结进一步完善相应文件 |
| 物资保障能力 | 资源保障能力 | 技术设施的配备是否齐备 |
| | 信息系统保障能力 | 信息系统的防御能力、系统的稳固性等能力 |
| | 通信保障能力 | 指通讯网络、信息传输通道等的保障能力 |

监督政府类、爱国情绪类和谣言类这三类突发事件,尽管发生的几率较小,但因其具有突发破坏性、群体复杂性、扩散公众性特征,为各级政府所重视,学校也在事前预防上投入了

大量人力物力及精力。一旦发生,应对起来牵涉面广,需要的应急管理能力要求也很高。从表 4.2 与表 4.12 的比较可以看出,除物资保障能力稍有出入外,其他各项一级指标的二级指标都相同。

从表 4.2 和表 4.4—表 4.12 各表的比较中可以看出,9 类突发事件在应急管理过程中所需能力指标,除几类个案类型的突发事件所需应急管理能力表现有限外,其他大多数群体类型的突发事件所需的应急管理能力指标与表 4.2 基本一致(当然不同类型突发事件相同二级指标的具体内容会有不同的特点),差异主要表现在所需的物质保障能力二级指标上,主要是因为不同类型的事件需要不同的应急管理物资予以保障。通过以上比较可以得出结论:表 4.2 提炼出的能力指标,能够涵盖各类突发事件应急管理能力;各类突发事件所需应急管理能力能够支撑表 4.2 提炼出的能力指标。

## 4.3 指标的界定

应急管理能力指标体系的构建,既可以为地方高校提供改进自身应急管理水平的自我诊断的标准,也可以为社会及政府提供评价高校应急管理能力的鉴定性参考。在前面综合提炼、具体检验的基础上,下面将基于应急管理理论及经验分析,分别对应急管理能力 37 个二级指标进行了较为详细的描述,除了对各项能力指标的内涵外延作出界定外,着重对各项指标的考察方法及观测点作出说明。

### 4.3.1 应急计划能力

地方高校突发事件应急计划能力贯穿于应急管理全过程,具体体现在应急预案的制定、日常规范性文件的制定、应急工作流程的制定、惩罚条例的制定和恢复计划的建立五方面的实行能力之中。

(1) 应急预案的制定

应急预案是指地方高校为降低突发事件造成的损失,预先作出科学有效的计划安排,包括如何辨识和评价突发事件的紧急情况和事故灾害,如何配备人力、物力和资金等资源,如何指导建立现场内外合理有效的应急组织,设计各类突发事件相应的应急救援行动战术、战略,制定事故后的现场清除、整理及恢复方案,建立培训及演习等准备程序,对特殊危险的突发事件建立专项应急预案等。应急预案应贯穿突发事件管理全过程,主要包括如下几大方面:完善的应急组织管理指挥系统,强有力的应急救援保障体系,综合协调的相互支持系统,准备充分的供应系统等。有了应急预案的保证,才有可能减小突发事件带来的损失。

应急预案的制定要求齐备、可执行、可调整。由于应急预案的建设是一个长期的动态过程,因此,应急预案的制定必须具备可调整性,借此,可以借鉴一些相关的成功经验进行动态修正与补充,使应急预案真正趋于完善并发挥作用。

预案编制主要应包括如下几方面内容:编制过程,方针与政策,宣传、培训与演习,灾害及后果评估问题,职责与任务,协调问题,应急资源问题,应急的反应过程,警报系统和通讯问题,疏散与安置问题,安全与保障问题,预案的编排,预案的管理,预案的实施以及地方高校预案体系等。

考查应急计划能力中的应急预案的制定方面，主要指地方高校应急预案制定的齐备与否、可执行性如何、可调整性如何，着重考查应急预案的制定能力。

（2）日常规范性文件的制定

日常规范性文件是指地方高校内部关于应急管理工作的法律法规、一般标准或准则、组织体系、机构职责、政策、日常行为规范等发挥作用的文件。首先是在遵守国家法律的前提下，制订地方高校内部应急实践中实行的规章制度，对应急管理相关规章制度的执行效果进行评估，并根据结果进一步完善已有的规章制度，力求提高规章制度的有效性。地方高校应急管理系统必须与相应的法律法规配套，使得各个相关单位在紧急突发事件的处置上，做到有法可依、责权明确、服从领导，增强应急部门之间的凝聚力和战斗力。其次是应急管理日常行为规范的制定，目的不是为了应付检查，而是为了用于应急管理。因此，日常行为规范制定好之后，要通过宣传栏或海报等多种形式，使得应急常识深入人心，以便有效促进各相关职能部门熟悉职责，有利于提高师生员工个人在校园突发事件发生后的应急处理能力。

考查日常规范性文件的制定，主要考查地方高校有关文件制定的合理性、科学性、齐备性、可执行性等方面。

（3）应急工作流程的制定

管理学对工作流程的定义是，系统化地实现公司日常办公的工作流程审批和管理，包括行政、财务、人事、采购等审批流程，通过工作流程的信息化管理提高企业的工作效率。地方高校突发事件应急工作流程可以参照管理学的原理定义如下：系统化地实现地方高校面对突发事件的应急管理，具体包括突发事件发生前、发生时、发生后的预防、准备、响应、恢复等各个阶段的具体实行流程,以便通过应急工作流程提高地方高校突发事件应急管理的效率。建立应急工作流程的目的是使地方高校能在突发事件发生后很快地进入工作程序,从而提高工作效率。在制定突发事件应急工作流程时,还需根据其危害等级或性质来分别给出流程图。

考查应急工作流程制定的能力,主要考查流程的准确性、可执行性、齐备性、清晰性、易理解性等方面。

(4) 惩罚条例的制定

应急惩罚条例的制定是为了提升校园教学和生活秩序,针对突发事件发生前、中、后相关人员的错误或由于人为错误而导致的突发事件中涉及的相关人员进行惩罚,以提高相关人员的应急管理意识,提高他们的积极性和责任感,从而有效地达到激励的目的。

惩罚条例的制定情况要考查条例制定的合理性和依据性,避免出现重错轻罚、轻错重罚的现象;也要考查其与组织中岗位的相关职责的呼应性,避免出现罚不当罚、替人受过的情况。

(5) 恢复计划的建立

恢复计划是指在制订计划的时候,按照突发事件造成的损失情况、损害区域,划分受损类型,初步制定恢复建议、恢复所需时间、恢复所需资金等相关方面的计划,是指导突发事件恢复工作的大体进展,规定如何对各个恢复对象采取行动的安排。突发事件发生后,可以以恢复计划为依据,评估突发事件结果,通过专家制订相关确切的恢复重建计划方案。因此,恢复计划的建立,是为了给地方高校突发事件发生后的应急恢复管理提供参考依据,使事后能做到有章可循。

考查恢复计划建立的能力通过其合理性、科学性、可操作性、灵活性等几方面来进行评价。

### 4.3.2 应急组织能力

应急组织能力包括岗位配置能力和应急队伍建设。应急组织能力的好坏体现在机构设置是否合理、应急人员与师生人数的比例高低、应急人员专业素质高低、应急人员培训是否全面等方面。从目前我国高校的组织制度看来，几乎没有设立专门的应急管理组织机构。对于安全事故类突发事件，应急管理的职能一般由学校的保卫处承担；对于公共卫生类突发事件则由高校后勤部门相关人员来承担应急管理职能；对于自然灾害类、抵制对抗类、舆情信息类突发事件，则由地方高校党委根据需要动员相关师生员工，形成临时应急组织机构。由于没有专门机构，往往出现病急乱投医的情况，一旦出事就难免显得手忙脚乱而效率低下。其实，地方高校应急管理是一项需要专业知识和技能的工作，因此应设置专门的应急管理组织机构，应急人员的数量应与高校师生人数成正比，这样可以较为准确地反映高校对突发事件的预防控制能力。应急人员的专业素质也很重要，因此应该经常对管理人员、保安人员以及急救人员等加以专门的培训和训练，从而强化应急管理的知识和技能。

（1）职能及岗位配置

地方高校设立应急管理机构的主要职责是：发挥综合协调、运转枢纽作用；组织编制、修订突发事件应急预案，组织审核专项应急预案，指导应急预案体系建设；处置突发事件；协调指导突发事件的预防预警，应急演练，应急处置，调查评估，信息发布，应急保障和宣传培训等工作。

应急组织机构要求各点各面人员配置得当，岗位职责明确。高校应急人员应该包括专业保安人员、专业急救人员、专家队伍等。专业保安人员是高校安全保卫工作的核心力量,保安人员的数量与专业素质,是预防与防范校园治安类突发事件的重要因素,是高校应急管理能力的重要体现之一,必须加强保安人员队伍建设和专业素质的提高。专业急救人员主要指医护救援队伍,高校若发生突发事件,医护队伍是必不可少的中坚力量。专家队伍是高校应对突发事件的重要力量,专家是指不同科学领域中对相关问题具有专长的人员,当突发事件发生后他们能够为管理者提供科学的处置方案或提供专业知识的咨询。专家队伍中重要组成成员之一是心理专家,心理救助是突发事件恢复建设的重要内容。此外,还包括指挥调度人员、通信人员、联络人员等。应急人员的构成应该注意在不同专长人员之间保持一定的比例,若比例不恰当,会给救援造成很大障碍。

测度职能与岗位配置的能力主要从组织机构设置的合理性、人员的结构比例是否合理、岗位职责分配的合理性,责任是否到人、是否无交叉重复、是否无遗漏等方面进行考查。

(2) 人员素质

应急人员专业素质首先指应急组织队伍在突发事件过程中救人救物能力和维持校园生活和教育教学正常运转等各方面秩序的能力。应急人员素质的另一方面专指地方高校领导在突发事件中的应急指挥水平。而检验校领导指挥能力的主要指标便是他们所具有的经验、体力、知识、技能、心理状态,所接受的训练以及协调能力等。人员素质在信息能力方面的体现是使现场与指挥中心获得同步的信息,发生的事情都可得到适当监控的能力;医疗能力取决于医疗人员经验的高低和医疗装备的充足与否;后勤保障能力指为救援行动更为高效、有序、安全所需物资的综合能力等。

对人员素质配置的评价主要通过装备情况、受培训情况、获得资格认证、经验等方面来考查,还可通过以往突发事件发生时的临场表现进行评价。

(3) 队伍建设

应急队伍分为专职队伍和兼职队伍两部分。地方高校应急专职队伍指的是学校专门应急机构的人员,没有设置专门应急机构的学校,专职人员是指在突发事件发生以后从学生或教师中专门抽调相关人员成立突发事件处置队伍。兼职人员主要是指由党团员起带头作用,发展起来的应急志愿者组织。应急队伍建设中要进行经常性的宣传教育和培训演习,加大应急组织中专职专业人员的比例,为地方高校应急管理提供保障。

对应急人员经常性培训和演练是衡量应急组织队伍及队员综合能力行之有效的办法。队员们只有平时刻苦训练,掌握本专业的系统知识和技能,才能在救援现场冲锋陷阵、出色完成救援任务。除了培训和演习,体现应急队伍建设的另一方面是应急队伍的装备,为使应急队伍在突发事件中发挥最大效用,其装备必须适应地方高校常见突发事件的需要和使用条件。

队伍建设能力的考查主要从其培训演练次数、突发事件发生时的表现等方面进行。

### 4.3.3 应急指挥能力

应急指挥能力的目标是根据事件的种类和规模,组织迅速有效的救援活动,迅速恢复校园秩序及防止突发事件的进一步扩大或蔓延。应急指挥能力包括获悉突发事件警报和通知后的紧急决策、预案的快速启动和执行、应急人员的调动、对已有资源的管理以及对受害者的安抚、调动其他人员的能力等。在此过程中，各环节相互影响、相互作用，各环节衔接的有效性取决于高校应急部门的组织能力和对事件的反应能力。

（1）临时决策专家组成结构

由于到目前为止，地方高校基本没有成立专门的应急管理组织，因此，当发生群体类突发事件时，便需要成立临时的决策专家小组。决策专家的组成人员要求具有丰富的实践经验和较强的决策咨询能力；责任感强；有良好的学术道德，廉洁奉公、遵纪守法；善于听取各方面的意见，在同行专家中有较高的威信和组织协调能力；作风民主，坚持原则，善于团结校内校外人员，办事公正；身体健康，能履行工作，在精力和时间上能够保证参加专家组的有关工作和活动，等等。

就现在高校通行的惯例而言，决策专家一般由高校校领导及校内相关部门负责人组成。今后应增加校内外专门应急管理专家，并注意发挥他们的作用。比如，遇到公共卫生事件，应当聘请校外卫生防疫专家；遇到抵制对抗类和舆情信息类突发事件，最好聘请公安安全方面的专家。外聘决策专家一般要求首先要遵守咨询论证工作章程，以实事求是和认真负责的态度履行职责，客观、公正、科学地进行咨询论证，严格遵守保密纪律，不得泄露咨询论证的内容、过程和结果等情况，不得丢失、外传参与的重大决策事项资料，接受省部级部门的监督和管理。

对临时决策专家组成结构的测度主要从自身素质、经验、资质等各方面来评价。

（2）快速反应能力

突发事件发生后，地方高校的快速反应是指及时采取一定的应急处理措施，通过科学指挥和调度可用资源，减少突发事件的损失，维持校园教学生活秩序。突发事件发生时，地方高校应急组织的快速反应是有效控制灾害的关键因素。快速反应能力主要指地方高校根据所获信息迅速组织应急行动的速度，量化时可以根据启动应急行动的时间确定。具体工作包括警报和通知、及时派相关人员抵达现场、有组织地保护人身和财产不受损失或将损失降至最低。

快速反应能力的衡量主要从应急组织反应时间和派遣相关人员到达事发现场的时间衡量。

（3）预案启动能力

预案启动是指当突发事件发生时，根据所制定的应急预案，决策启动并执行合适合理的预案。应急预案的启动程序包括：人员通告，应急指挥中心的启用，现场通信、联络，场外通信、联络，设备和技术支持，公众和媒体信息发布，应急级别的确定等。预案的启动需要指挥者非常熟悉预案，根据突发事件类型选择合适的预案以及备选方案。指挥者应向相关应急组织中一线人员说明突发事件发生的地点、现场状况、现场即时处理措施等，并说明需要处理的内容。

预案启动能力的量化可以根据应急组织启动预案或执行预案中所提及的应急行动的时间确定。

（4）分析决策能力

应急决策是指在突发事件发生后，根据事件的严重程度迅速评估与分析突发事件的分类、分级并准确定位、作出决策。在应急决策环境中，时间紧迫，信息来源渠道多，既模糊不清，又残缺不全，变动不居，这就使得应急决策具有紧急性、主观性、有限性、渐进性和时效性等特点。分析决策能力是正确及时地分析事件并作出决策的能力,不仅包括常规的决策能力,还应具有对于变化的状况作出动态决策的能力,因此此项工作的领导者应由临时选出的决策专家担任。在突发事件发生的第一时间赋予决策专家具有特定的权力,使他们作出的决策具有强制性,以确保决策专家的权威性。同时,要求决策专家所作的决策具有可执行性、及时性、有效性等特性。

分析决策能力的量化可以根据制定决策的速度、对事件定位的准确性、应急决策的可执行性等来测度。

(5) 危机控制能力

危机控制是指对突发事件的应急处置控制,是对突发事件采取的具体行动及措施。其目的是减小突发事件造成的损失,避免损失的进一步扩大或事件负面影响的进一步演变。危机控制具体表现在对受伤师生员工的救助治疗、相关人员的疏散、封锁戒严等方面。救助治疗是指及时有效地调动一切资源对救助对象加以最大限度的救治;人员疏散是按照应急预案的部署组织师生员工及时根据疏散路线进行疏散;封锁戒严是指对危险场所及时封锁戒严,也指例如发生公共卫生突发事件之后为了防止流感和其他传染性疾病的传播,降低传播速度,加强门禁管理,对校园进行封锁,禁止师生员工出入。危机控制能力主要体现在对关键控制点的把握、部署的强度以及对事态有效控制的能力。

危机控制能力的量化体现在控制的强度、速度和控制的结果方面。

(6) 贯彻政府指令能力

尽管国家规定突发事件应急管理实行属地管理原则,当发生突发事件时,所有高校都要接受地方政府的领导,但地方高校与国家部委属高校有所不同,部委属高校往往会有其主管部委的指令,有更加灵通的信息渠道。对地方高校而言,省级政府的指令是地方高校解决突发事件的指南。政府指令是突发事件发生后政府对地方高校所采取措施的指示,地方高校贯彻政府指令的能力体现在对指令的领受能力和贯彻执行能力。对指令的领受能力主要指对政府指令把握、理解的准确性和正确性;对指令的贯彻执行能力主要指对政府指令的贯彻执行力度,即执行的广度和执行的深度。

贯彻政府指令能力的量化主要体现在对指令理解的准确性和正确性、执行指令的深度和广度。

（7）师生的安抚能力

突发事件不仅带来物质损害,还会产生心理影响。当有些突发事件发生后,为了防止有人趁机恶意传播谣言,保护师生员工的知情权就显得尤为重要,需要及时地将突发事件状况通知给师生员工并进行安抚,帮助师生员工尽快摆脱恐惧心理及紧张状态,以保护好相关师生的安全、防止事态的进一步扩大,并保护相关师生生命及校园财产的安全。对师生的安抚主要体现在:辟谣、客观公正准确地将事件状况进行通知、承诺并控制事态的能力等,可辅助以相关图片或相关媒体实地采访等。

师生的安抚能力主要体现在安抚的贯彻力度及师生员工对事件的态度等方面。

（8）动态预案调整

预案是突发事件发生前作出的计划安排,但突发事件所具有的频发不确定性、群体复杂性等特点,决定了其发展演变常常超出事前的预料,这就要求决策者在应急管理的过程中要实时地对预案进行事实求是的调整。动态预案调整是指突发事件进一步演变或发生变化时,对预案的进一步改进或调整,还包括在原预案中决策不适用突发事件状况或处理突发事件力度不够或效果不佳时对预案的调整。动态预案的调整需要决策者具有很强的分析问题、认清现状的洞察力,这样才能作出正确的动态决策,以防止事件的扩散和恶化。

动态预案调整的能力主要体现在调整后事件控制的效果和动态预案调整的及时与否等方面。

(9)动员师生能力

突发事件发生前后,地方高校领导需要有发动师生员工的能力来预防事件的发生和控制事件的损害。发动师生员工即指提高他们防风险的意识,动员他们发现隐情、及时汇报、临时果断处理、进一步防范和控制突发事件。可以从不同角度将动员分为不同类型:从规模看,可分为全校动员和局部动员;从时序来看,可分为事前动员、事中动员、事后动员,也就是预备动员、响应动员和恢复动员;从手段来看,可分为软动员和硬动员(所谓软动员就是一般性的常态动员,所谓硬动员是指非常态的强制动员)。高水平的动员师生能力,有利于降低应急管理重心,使突发事件在萌芽状态和始发阶段就得到有效控制。例如,对于社会安全类型中的心理健康类突发事件,要动员病患者身边的师生密切关注患者的一举一动,发现问题及时上报。中国有句俗语叫"事不关己,高高挂起",很多人都有这样的心态,但是校领导要打破这样的陈旧观念,改变师生员工的认知观,动员他们积极预防突发事件的发生。动员师生能力还体现在突发事件发生后,在领导者未作出决策前,动员师生员工自发的自救、互救、主动维护设备器材等方面。

动员师生员工的能力体现在有没有做发动师生工作、工作做得怎么样以及师生的反应如何等方面。

(10) 秩序维持能力

秩序维持主要指的是发生突发事件前后对校园秩序的维护。校园秩序包括教学秩序、科研秩序和生活秩序,教学秩序是教学工作中各种重要关系的安排,教学单位有条不紊活动的状态;科研秩序是指去除学术领域不合理的、违法的状态,使校园内的学术氛围正规化稳步提升;生活秩序是指校园内物质生活、精神生活、文化生活、政治生活等的条理性和次序性。秩序维护是指在发生紧急、突发事件时,地方高校领导以最有效的方法,在最短的时间内控制事态的发展,维护校园的正常秩序,以确保校园学习生活的正常进行。一般情况下,为保障现场应急工作的顺利开展,在现场周围要建立警戒区域,实施管制,维护现场秩序,其目的是要防止无关人员进入事故现场,以保障救援队伍、物资运输和人群疏散等的交通畅通,并避免发生不必要的损失或次生灾害。

秩序维护能力体现在校园秩序的稳定性、条理性和秩序性等方面。

(11) 物质和资金的调配

突发事件应急资源保障能力不仅体现在资源的拥有量,更多地取决于协调调动资源的数量和质量。物质和资金的调配是指突发事件发生后,指挥者对财、物等资源的调动集中使用情况、紧急物资调拨能力、专用物资交通运输保障能力以及各部门的合作能力。物质和资金的调配能力强,可以提高资源的利用率,能够更加经济地利用资源的聚集效应。

物质和资金的调配能力体现在调配的合理性、到位性和有效性等方面。

(12) 人力资源整合能力

人力资源整合是指突发事件发生后,指挥者除调动已有应急组织内人员外,还可以调动学生社团组织或不以营利为目的的社会组织。诸如自然灾害类型的突发事件发生后,在专业救援队伍没有到达或者不能满足救援需要以前,组织自救是减轻突发事件损失的唯一有效办法。但是,自发性单独行为会造成混乱,因此,领导者应派遣适当的人作为志愿者的领导,以确保整合的志愿者组织不会因为单独行动而造成混乱。特别是在应对重大突发事件的过程中,要注意整合全校党政、师生的力量,形成举全校之力积极应对的局面。

人力资源整合能力的度量体现在整合的数量和效果等方面。

### 4.3.4 应急协调能力

地方高校的管理体制及事业单位性质,决定了发生突发事件时,外部协调具有特殊困难。很多突发事件,并不是学校仅仅依靠内部力量可以有效化解的,还需要外部力量及时有效的配合与介入。因此本文研究的应急协调能力的主体尽管是地方高校,但这里着重强调了学校与媒体、警方、政府以及与其他高校之间的沟通协调能力。

(1) 信息收集传递能力

信息是贯穿应急管理全过程的要素。突发事件信息包括时间、地点、原因、类别、损失程度、影响范围、处置措施等方面,是有效预防应对突发事件的必备条件。突发事件信息具有动态时效性、模糊不确定性、易受扭曲性等特点,因此,信息收集传递就显得十分重要。信息收集传递是指在突发事件发生后,学校应急管理系统应能够迅速有效地收集、传递信息,将损失降到最低。信息发布是当高校突发事件发生后迅速将信息发布,使师生充分了解受灾情况,恢复正常工作、学习。信息的收集传递必须遵循及时、准确、持续三大原则。

信息收集传递能力用收集传递速度、有效性等度量。

(2) 与媒体的沟通协调能力

高效的沟通协调能力不仅可以使救援工作紧张有序,并且可以极大地减少损失。突发事件应急管理离不开媒体的参与,媒体在引导舆论方面发挥着重要的作用。突发事件的发生对传媒而言具有敏感性、轰动性,地方高校如何在新闻自由与学校利益之间寻找平衡,处理好与媒体的关系,成为信息沟通中一个非常敏感而棘手的问题。地方高校领导者需要正视媒体作用,积极与其沟通交流,增强信息披露的透明度,发挥舆论的桥梁纽带作用,创造媒体公正介入的秩序。

与媒体的沟通协调能力体现在信息披露的准确性、是否维护学校利益等方面。

(3) 与警方的沟通协调能力

警方由于具有强制性的执法权,所以,警方介入对有些类型的突发事件的处置应对有非常好的效果。因此在突发事件发生后,需要权衡是否报警。对需要报警的要及时报警,警方的介入可以有效阻止事件的恶化,生命财产、公民权利、校园安定等方面可以得到较好的维护;但对地方高校自身能够化解的需要做耐心细致工作的事件,报警并请警方介入,可能会激化矛盾,改变事件性质,从而伤及无辜,引发混乱,制造骚乱。因此,权衡是否需要警方介入,与警方实行有效的沟通协调,对地方高校应对突发事件而言,不但十分必要,而且极其重要。

与警方的沟通协调能力体现在报警的及时性、与警方的交涉情况等方面。

(4) 与政府的沟通协调能力

地方高校要建立健全的信息流通渠道,建立汇报制度,让政府相关人员第一时间掌握事件真相。政府在应急管理中应尽力寻找生命财产、校园人员权利、校园安全等重大目标之间的平衡点,降低突发事件爆发带来的恐慌和其他不利影响,防止并发性危机的产生。例如,对于自然灾害类突发事件,政府应该给予地方高校知情权,使地方高校及时采取相应措施;政府也应及时将相应的决策传递给高校,使高校清晰地明确政府指令。地方高校也需要及时有效地与政府进行沟通协调,准确理解政府指令,以便及时准确地上传下达。

与政府的沟通协调能力体现在指令接受的准确性、及时性,另外,政府态度的积极性、政府的作为程度也被视为衡量指标。

(5) 应急联动能力

应急联动指的是地方高校之间建立起应急联动系统,当范围比较广的突发事件发生后,各地方高校可以整体协调和运作。高校应急联动系统要求各地方高校口径统一地应对媒体、政府及学校内外相关方面,统一联合行动,及时、高效地开展应急处置行动,协调相关资源等。这要求各地方高校之间相互有良好的沟通协作、信息共享机制,防止各自为政、汇报情况不统一等弊端出现。

应急联动能力体现在各地方高校之间的协作程度、沟通程度、对信息掌握程度、对事件看法的统一程度、资源共享程度等方面。

### 4.3.5 应急控制能力

突发事件发生过程中的应对处理，在组织、指挥、协调各应急能力指标中已有很好的体现，应急控制能力主要涉及地方高校事前的风险分析及隐患排查、宣传教育培训和演习，事后的问责与惩处、评估及经验总结和保险与赔偿等方面的能力。

（1）风险分析及隐患排查（定期检测、预防）

风险分析及隐患排查是指突发事件发生之前，通过日常的信息跟踪、设备检测等及时发现风险源并将其消弭于萌芽之中。突发事件的风险由危险要素和脆弱性两个因素共同决定。其中地方高校危险要素是指可能造成损失、对学校正常运行产生干扰的事件。脆弱性是衡量社会在危险要素产生作用的情况下是否会遭受危害的指标。风险分析主要分析事件发生的概率（事件可能发生概率大小的准确程度）、发生时间（准确预报事件发生时间）、持续状况（突发事件的类型、规模、性质、持续时间、发生形态的准确程度）、风险幅度（事件可能带来的影响、波及范围、人员的伤亡情况准确程度）和脆弱性分析（地方高校可接受风险度、可接受的损害水平）等方面。隐患排查是针对发现的风险源采取相应的措施去除隐患，达到预防风险发生的作用。

风险分析和隐患排查能力体现在信息跟踪频度、分析的准确性、排查隐患的及时性等。

（2）宣传教育、培训和演习

应急意识是应急管理的基础。地方高校师生员工应急意识的强弱，直接关系到学校应急管理能力的高低及应急效果的好坏。宣传教育、培训和演习是培养师生员工应急意识、提高他们应急能力的有效手段。宣传教育是指通过沟通与协作、校园广播、网络、开会动员等形式,定期或不定期对校内人员进行安全防护措施的宣传和教育。培训和演习主要是指根据计划对学校应急队伍及师生员工按照预案进行培训和演习。通过对师生员工进行安全知识的培训,全面提高他们的危机防范意识,提高他们的识别能力和应变处理能力。通过逼真的模拟实战演习,不断提高每个人的危机意识和应对突发事件的能力。

宣传教育能力量化时用宣传教育普及率及频度度量;培训和演习量化时主要通过培训和仿真演习的次数、培训和演习的评估结果等方面度量。

(3) 事后问责及惩处

事后问责及惩处是指在突发事件发生的全过程中,对一些人工作不到位、预防不到位、态度消极、作风懒散等方面进行的问责和惩处。对突发事件的管理要求责任到人,强化责任追究,实行责任倒查,确保各项工作落到实处,共同努力,推进工作,维护校园利益,为校园的安定建设营造良好的环境。并且,对相关人员进行责任追究并处罚也容易使地方高校发现纰漏出在何处,可促进应急管理机构和体制的进一步完善。

事后问责及惩处能力体现在问责及惩处是否客观、公正、公平等方面。

(4) 保险和赔偿能力

保险是突发事件事后处理的有效金融工具。地方高校应充分利用保险事前防范和事后补偿相统一的机制,强化事前各种防范,提高突发事件补偿和赔偿能力。现在,地方高校一般都采取自愿原则,为学生购买一定数量和一定范围的保险。凡属于保险范围之内并办过保险的，在突发事件发生后，校内相关负责人要与保险公司及时沟通并领取保险；对于有关受害者在事发后对不属于保险范围内或没有参加保险的事项，学校一般都要作出一定的赔偿。

保险和赔偿能力通过校内相关人员对保险的获取能力和赔偿的力度来度量。

（5）事后评估及经验总结能力

事后评估包括调查和评估两个步骤。所谓调查是指对突发事件发生的原因和相关处置的全部措施进行系统的调查。所谓评估是指在调查的基础上对突发事件的处置工作进行全面评估，特别要分析清楚处置工作中存在的各种问题。事后的评估能力主要包括对经济损失、事件、人员损失、应急技术应用、受害人需求五方面进行评估的能力。对经济损失的评估主要指对因事件造成的直接经济损失（物资的损失）进行评估；对事件的评估是指对突发事件过程中高校相关人员能力水平的评估，包括突发事件起因的清查、危机事件的控制、政策法规的执行等方面；对人员损失的评估是指对因突发事件死伤人数或受害人数进行的评估；对应急技术应用的评估是在整个应急管理过程中的科学技术和信息技术的应用情况进行评估；对受害人需求的评估是指根据事件情况对突发事件相关对象所需的物资进行准确评估的能力。

经验总结是指根据事后评估结果总结经验教训，提出改进工作的要求和建议。

事后的评估能力体现在对人、财、物、技术、事件本身方面的评估能力；经验总结的能力体现在包括观念更新、制度完善、机构建设以及政策改进等方面的能力。

（6）恢复整改能力

恢复整改是指高校突发事件平息之后，在评估和总结的基础上，对突发事件造成的各方面损坏进行恢复、建设，对应急管理体系不适用的地方进行整改。高校突发事件会造成一些看得见和看不见的损失，恢复整改的内容分为有形的校园生活秩序恢复、设施设备恢复、教学与管理制度恢复，无形的师生心理辅导以及应急预案的改进等。校园秩序恢复是指在突发事件发生后，通过恢复与重建等工作，尽快地恢复校园教育教学生活功能；设施设备恢复是指划拨相应资金，快速恢复校园内设施等工作；教学与管理制度恢复是指教学管理制度的及时恢复、完整恢复等方面；心理辅导是指突发事件发生后对事故受害人、应急工作人员提供心理辅导服务，主要针对涉及重大事件的相关师生进行有计划、全方位的心理指导；应急预案的改进是指当突发事件结束后，对应急预案中不适应实际状况、作用不明显等地方进行改进。

恢复整改能力的度量主要体现在恢复和整改的速度、质量以及心理辅导的成效等方面。

### 4.3.6 物资保障能力

随着社会的发展，管理职能的实现越来越依赖于物质资源的保障。应急物资是应对突发事件的重要保障，是保证高校应急处置和实施救援等工作正常开展，恢复学校正常教学生活秩序的物资保障。物质保障能力既是其他应急管理职能实现的前提条件，也具有地方高校应急管理的现实特殊性，应着重考查资源、资金、通信、医疗、信息系统、工程防御等方面的保障能力。

(1) 资源保障能力

资源保障主要指应急处置中所需要的物质资源的保障。不同类型突发事件需要不同的物质资源保障,若遇自然灾害类突发事件,资源主要包括照明灯、担架、救生衣、灭火器、救生车辆、氧气罩等。公共卫生类突发事件则对卫生防疫设备有较高要求。资源保障能力主要体现在:应急物资的放置、应急物资的存储、日常维护、对物资的评估、应急资源的调度等方面的能力。资源保障能力的另一方面表现在是否建有物资保障系统,若有,便可对各类物资进行标准化分类,通过数据库进行管理,掌握物资的基本状况,为应急管理提供保障服务。

资源保障能力通过是否建立资源保障系统,物资充足程度等方面来衡量。

(2)资金保障能力

资金保障是指地方高校要拥有充分的资金实力,以保证突发事件全过程中应急管理工作的顺利进行。资金是各个环节正常运行的必备条件。应急资金主要通过政府拨款、校内应急资金储备、校内校外人员的捐赠等方面获得。资金用于应急管理各环节的建设上,突发事件发生前,资金用于购买设施、物资、信息系统等方面;突发事件发生时,资金用于购买额外需要品、调动车辆及人员、通信沟通、紧急抢救、抢险救灾等方面;突发事件发生后,资金用于解决人们的基本生活问题、转移和安置(若必须)相关受灾人员、校园危险建筑重建及修缮、恢复校园秩序等。

资金保障能力主要通过金额是否充足、资金的来源等方面来度量。

(3)通信保障能力

通信保障是指现代化的信息系统如有线或无线指挥通信系统、计算机网络应用、移动指挥系统等方面的配备保障情况。另外，还指突发事件发生后，为保障正常的通信网络运作，应急设备保障与外界联络或内部互相联络的情况。通过通信设备提高应急组织的指挥能力和协调能力，可使应急通信指挥调度工作迅速、高效、有序地进行，确保通信的安全畅通，尤其是针对自然灾害或社会安全类的突发事件。

通信保障能力主要通过突发事件发生后通信设备、通信网络的运行正常度等方面来衡量。

(4) 医疗保障能力

医疗保障是指突发事件发生后，校医院在医疗方面的保障情况。医疗保障主要指医疗器械和医疗设备、设施等方面，例如呼吸机、监护仪、输液泵、注射泵、急诊科室设备、手术设备、放射放疗设备等方面的保障。现在高校校医院普遍设施老化，只能承担学生头疼脑热的治疗以及一般的卫生防疫任务，要获得应对突发事件所需的医疗保障能力，除提高校医院的建制，把校医院升格为社区等级医院外，没有条件的学校，要就近与社会上的医院建立固定联系机制，为突发事件提供良好的医疗保障能力

医疗保障能力的度量主要体现在医疗设备的充分性，突发事件发生后设备的到位与否、是否有与地方医院建立长期固定的联系等方面。

(5) 信息系统保障能力

信息系统保障能力主要体现在地方高校是否具有应急信息系统，若有，信息系统检测、预警、采集、处理、传输能力如何；若没有信息系统，则要建立健全覆盖全校的“人防、物防、技防”三位一体的安全保卫网络，设立突发事件 24 小时报告电话、危机信息传达网络信息平台以及多层次的应急值班制度。校内信息设施的配备

程度如何，例如，摄像头的分布密度、所在检测地点、检测对象是否合理等方面都体现信息系统的保障能力。另一方面，若遇黑客攻击类突发事件，校园内网络或各项信息系统应有防御能力或有尽快恢复系统的能力，以保障各项事务的安全顺利运行。

信息系统保障能力的度量体现在地方高校信息系统建设的完善与否，系统设计的稳定性等方面。

（6）工程防御保障能力

工程防御保障是指突发事件（尤其是重特大类突发事件）发生之后，校园中供水、供电、交通等工程保障情况。

工程防御保障能力是突发事件应急管理得以发挥作用的物质基础。工程防御保障能力通过突发事件发生后，高校中应急通道的通畅度、救护车辆通道的通畅与否、避难场所分布状况、供水供电状态等方面的情况来衡量。

## 4.4 问卷设计说明

为了检验地方高校突发事件应急管理能力指标的科学性，进行因子分析、相关性分析、信度效度分析，必须针对能力指标进行统计调查研究。问卷法是统计调查中重要的资料收集方法之一，问卷调查的结果直接关系到构建能力指标体系的科学性。

### 4.4.1 问卷设计过程

为了保证问卷的有效性和可靠性，问卷设计过程如下：

（1）查阅国内外相关文献，收集和归纳相关的指标评价标准方式，结合地方高校突发事件应急管理的具体特点形成各变量的初始测量题目。

(2) 进行小规模访谈,消除问卷中个别题目的歧义,提高回答者对问卷题目的理解能力。在形成初始测量题目后,对政府相关应急管理人员、高校领导、保卫处人员、医护人员、教师和学生等进行访谈,对题目的语义和措辞进行斟酌,尽量消除初始题目中有歧义的地方。

(3) 编制初始调查问卷。根据小规模访谈结果,对初始测量题目进行修正,形成初始调查问卷。

(4) 对问卷进行小样本调查,进行前测分析。在大规模调查前,有必要选取部分目标人群进行问卷的前测分析。小样本测试的目的就是根据问卷填答的结果,利用信度效度分析来分析问卷的解释程度和合理程度。

(5) 根据小样本测试结果,进一步修改问卷,形成用于大量样本调查的最终问卷。

### 4.4.2 问卷的基本情况

在本研究设计的问卷(见附录2)中,主体内容包括两个部分:第一部分主要收集关于个人的一些信息,包括性别、年龄、所在单位、职业、受教育程度等基本情况。通过这部分分析,可以从整体上把握受访人员的基本情况,有利于对问卷的有效性作出初步判断。第二部分的内容是对地方高校突发事件应急管理能力的调研,主要包括六大能力:应急计划能力、应急组织能力、应急指挥能力、应急协调能力、应急控制能力和资源保障能力。问卷的第一部分采用选择的方式;第二部分采用 Likert7 级量表对变量进行测量,其中“7”代表完全同意,“6”代表同意,“5”代表有点同意,“4”

代表不确定,“3”代表有点不同意,“2”代表不同意,“1”代表完全不同意。用来测量二级指标对一级指标的反映程度。

## 4.5 检验过程

问卷调查的目的是进行科学性检验,检验过程对检验结果的科学性有直接影响。本节为了保证问卷调查的有效性和可靠性,在小样本调研的基础上对问卷进行了修改,再用修改过的问卷开展大范围正式调研。本节还对有关数据分析方法进行了说明。

### 4.5.1 小样本测试及结果

小样本调研是2011年3月在陕西省某地方高校进行的,所调查的对象是个别校领导、部分教师和部分研究生。本次小样本调查发放问卷60份,回收问卷56份,去除问卷中多处没有作答的和所有问题得分都一样的无效问卷,筛选出有效问卷50份。通过对问卷调查结果的第一部分进行分析,发现被调查对象年龄集中在26—50岁,其中学生居多,占60%,教工占40%;因为所选调查对象的原因,受教育程度96%都是硕士以上学历。

通过小样本分析,信度和效度都通过检验。对其中个别未能很好载荷在因子上的问题进行了问卷修改,进而开始大范围的正式调研。问卷调查都采用留置调查的方式进行。

### 4.5.2 样本统计特征描述

调研问卷设计的问题主体部分共有37个问题,有37个变量。

根据结构方程模型方法的要求，样本数量在180—250之间为比较合适，而且样本数量必须最少是提出变量的5倍。此次调研共发放300份问卷，共收回242份，有效问卷230份。本次调研从2011年5月开始发放，到2011年6月结束。

问卷中A部分对于性别的调查，男性占42%，女性占58%。

对于被调查者的年龄范围，年龄在20—30岁者占据51%，30—45岁者占36%，45岁以上和20岁以下者占13%。

对于被调查者所在的单位，91%都在高校内，有9%属于校外人员。

对于被调查者的职业，学生占47%，高校教师占33%，高校职工占11%，9%属于其他。

对于被调查者的受教育程度，大专及以下占6%，本科占4%，硕士占71%，博士及以上19%。

通过对问卷中A部分的调查，由于特定调查对象的原因，所调查者受教育程度高，大多数都在高校，因此，从侧面反映出调查问卷的可信度。

### 4.5.3　数据分析方法

(1) 因子分析法

因子分析法(factor analysis)是从研究变量内部相关的依赖关系出发，把一些具有错综复杂关系的变量归结为少数几个综合因子的一种多变量统计分析方法。它的基本思想是将观测变量进行分类，将相关性较高，即联系比较紧密的分在同一类中，而不同类变量之间的相关性则较低，那么每一类变量实际上就代表了一个基本结构，即公共因子。对于所研究的问题就是试图用最少个数的不可测的所谓公共因子的线性函数与特殊因子之和来描述原来观测的每一分量。因子分析方法滤去的信息有两种情况:一方面可能过滤虚假信息,减少无关指标的影响,即因子分析刚好能排除“噪音”的干扰;另一方面,因子分析在简化数据降低维数的过程中又有可能丢失信息。因此,在利用因子分析作多维复杂数据的分类研究中,需要将分类结果结合专业知识给出客观、合理的结论。

为了便于讨论因子分析的结果,给出因子分析的数学模型和相关概念:

① 因子分析的数学模型

假设原始变量有 $p$ 个,分别用 $x_1,x_2,\cdots,x_p$ 表示,其中 $x_i(i=1,2,\cdots,p)$ 是均值为 0、标准差为 1 的标准化变量,$F_1,F_2,\cdots,F_m$ 分别表示 $m$ 个因子变量($m<p$),于是有:

$$x_1=a_{11}F_1+a_{12}F_2+\cdots+a_{1m}F_m+a_1\varepsilon_1$$

$$x_2=a_{21}F_1+a_{22}F_2+\cdots+a_{2m}F_m+a_2\varepsilon_2$$

$$\cdots$$

$$x_p=a_{p1}F_1+a_{p2}F_2+\cdots+a_{pm}F_m+a_p\varepsilon_p$$

或用矩阵形式表示为:$X=AF+a\varepsilon$

在这个数学模型中,$X$ 为原始变量;$F$ 为因子变量(公共因子),可以把它们理解为在高维空间中互相垂直的 $m$ 个坐标轴;$A$ 为因子载荷矩阵,$a_{ij}$ 为因子载荷,是第 $i$ 个原有变量在第 $j$ 个因子变量上的负荷;$\varepsilon$ 为特殊因子,表示了原有变量不能被公共因子所解释的部分,相当于多元回归分析模型中的残差项;$a$ 为特殊因子载荷矩阵。

② 因子载荷 $a_{ij}$

因子载荷 $a_{ij}$是原始变量 $x_i$与公共因子 $F_j$的相关系数，表示 $x_i$依赖 $F_j$的比重，$a_{ij}$的绝对值越大，$F_j$与 $x_i$的关系越强。

③ 变量共同度

变量共同度也称为公共方差。原始变量 $x_i$的共同度定义为因子载荷矩阵 $A$ 中第 $i$ 行各元素的平方和，即：$h_i^2 = \sum_{j=1}^{m} a_{ij}^2$。在标准化的前提下，原始变量 $x_i$的方差可以表示为：$h_i^2+\varepsilon_i^2=1$。即可认为 $x_i$的方差由两部分组成：第一部分为变量共同度 $h_i^2$，反映全部公共因子对 $x_i$总方差解释的比例，$h_i^2$越接近 1，说明公共因子几乎解释了原始变量 $x_i$的全部信息；第二部分是特殊因子 $\varepsilon_i^2$，表示原始变量 $x_i$方差中不能被公共因子解释的部分。变量共同度是衡量因子分析效果的一个指标。

④ 公共因子 $F_j$的方差贡献

公共因子 $F_j$的方差贡献定义为因子载荷矩阵 $A$ 中第 $j$ 列各元素的平方和，即：$s_j = \sum_{i=1}^{p} a_{ij}^2$。$s_j$反映了公共因子 $F_j$对全部原始变量总方差的解释能力，$s_j$越大，说明公共因子 $F_j$的重要程度越高。某公共因子的方差贡献是衡量该公共因子重要程度的指标。

(2) 相关性分析法

相关性分析是指对两个或多个具备相关性的变量元素进行分析，从而衡量两个变量因素的相关密切程度。我们主要用到线性相关性分析，研究两个变量间线性关系的程度。相关系数是描述这种线性关系程度和方向的统计量，用 $r$ 来描述。

如果变量 $Y$ 与 $X$ 间是函数关系,则 $r=1$ 或 $r=-1$;如果变量 $Y$ 与 $X$ 间是统计关系,则 $-1<r<1$,而 $r=0$ 表示无线性相关,一般地,$|r|>0.95$ 表示存在显著性相关;$|r|>0.8$ 表示高度相关;$0.5<|r|<0.8$ 表示中度相关;$0.3<|r|<0.5$ 表示低度相关;$|r|<0.3$表示关系极弱,认为不相关。

### 4.5.4 信度、效度分析

信度指测验结果的一致性、稳定性及可靠性,一般多以内部一致性来表示该测验信度的高低。信度系数愈高即表示该测验的结果愈一致、稳定与可靠。效度即有效性,它是指测量工具或手段能够准确测出所需测量的事物的程度。效度是指所测量到的结果反映所想要考察内容的程度,测量结果与要考察的内容越吻合,则效度越高;反之,则效度越低。

本书利用 SPSS 软件工具对信度和效度进行检验。信度分析用来删除对变量测量毫无意义的测量条款,以提升每个测量变量的信度,信度本身与测量所得结果正确与否无关,它的功用在于检验测量本身是否稳定。探索性因子分析法用来确定变量的因子构成并检验不同变量间的区分效度。

(1) $\alpha$ 信度系数法。利用 $\alpha$ 信度系数法检验测量条款的信度。$\alpha$ 系数介于 0—1 之间,一般认为介于 0.80—0.90 之间非常好,介于 0.70—0.80 之间相当好,介于 0.65—0.70 之间是可以接受的,0.60—0.65 之间就不要接受。但对于尚未验证过的变量尺度,其 Cronbach$\alpha$ 大于 0.6 即可。

问卷调查数据的可靠性检验结果如表 4.13 所示。

表 4.13 问卷调查的可靠性检验

Intraclass Correlation Coefficients

Two-Way Mixed Effects Model (Consistency Definition)

| | ICC | 95% Confidence Interval | | | |
|---|---|---|---|---|---|
| Measure | Value | Lower Bound | Upper Bound | F-Value | Sig. |
| Single Rater | .268 | .232 | .310 | 14.513 | .000 |
| Average of Raters * | .931 | .918 | .943 | 14.513 | .000 |

Degrees of freedom for F-tests are 229 and 8244. Test Value = 0.

* Assumes absence of People * Rater interaction.

Reliability Coefficients 37 items

Alpha = .931 Standardized item alpha = .930

从分析结果可以看出 $\alpha$ 系数为 0.931，可靠性还是比较高的。从上表 4.13 可以看出，项目内的相关系数检验结果，从数据连续性上，以 95% 的置信水平，检验概率为 0，即可以认为该数据的可靠性是符合分析要求的。

(2) 效度(validity)是指一个测验能够测到该测验所欲测的(研究者所设计的)心理或行为特质的程度。采用 KMO 检验和 Bartlett 球度检验考察变量是否适合作因子分析；采取主成分分析法、限定抽取共同因素法构建因子变量，并用方差极大法(VariMax)进行因子矩阵旋转。KMO 检验和 Bartlett 球度检验的结果是：KMO 为 0.878，大于 0.7，表示各个变量之间的相关程度无太大差异，可认为适合因子分析；Bartlett 球度检验相伴概率小于 0.01，表示相关系数矩阵不是一个单位矩阵，故认为适合作因子分析。

## 4.6 检验结果

因子分析法说明37个二级指标均能被所提出的一级指标所解释;相关性分析发现,二级指标中的因素相关性都比较弱,不需要修正。

### 4.6.1 因子分析结果

(1) 应急计划能力

对于应急计划能力,根据问卷中的调查条目,其中分析其描述统计量和成分矩阵如表4.14所示。

表4.14 描述统计量和成分矩阵

| | 均值 | 标准差 | 成分 |
|---|---|---|---|
| $X_{11}$ | 6.42 | .575 | .790 |
| $X_{12}$ | 5.86 | .670 | .790 |
| $X_{13}$ | 5.20 | .833 | .608 |
| $X_{14}$ | 5.54 | .503 | .762 |
| $X_{15}$ | 5.10 | .863 | .682 |

KMO检验和Bartlett球度检验的结果如表4.15所示。

表4.15 KMO和Bartlett的检验

| 取样足够度的 Kaiser-Meyer-Olkin 度量 | | .686 |
|---|---|---|
| Bartlett 的球形度检验 | 近似卡方 | 52.563 |
| | Df | 10 |
| | Sig. | .000 |

KMO值为0.686,近似于0.7,表示各个变量之间的相关程度无太大差异,可认为适合因子分析;Bartlett球度检验相伴概率小于0.01,表示相关系数矩阵不是一个单位矩阵,故认为适合作因

子分析。

表 4.16 解释的总方差

| 成分 | 初始特征值 | | | 提取平方和载入 | | |
|---|---|---|---|---|---|---|
| | 合计 | 方差的 % | 累积 % | 合计 | 方差的 % | 累积 % |
| 1 | 2.362 | 47.237 | 47.237 | 2.362 | 47.237 | 47.237 |
| 2 | 1.099 | 21.972 | 69.209 | | | |
| 3 | .683 | 13.669 | 82.878 | | | |
| 4 | .462 | 9.234 | 92.112 | | | |
| 5 | .394 | 7.888 | 100.000 | | | |

提取方法:主成分分析。

在社会科学中,因子载荷量的绝对值大于 0.4 就被认为是有效的。从表 4.16 可以看出,因子载荷大于 0.4,符合问卷结构效度要求,同时分析了每个因子的变量对因子总的解释程度。一般在社会科学中,当提出的变量对所研究因子的解释程度达到 30% 以上就认为这些变量是有效的。由此可见问卷结构效度较好,应急计划能力的因素变量也是有效的,可以进行进一步的分析和研究。

(2) 应急组织能力

对于应急组织能力,根据问卷中的调查条目,其中分析其描述统计量和成分矩阵如表 4.17 所示。

表 4.17 描述统计量和成分矩阵

| | 均值 | 标准差 | 成分 |
|---|---|---|---|
| $X_{21}$ | 5.96 | .781 | .542 |
| $X_{22}$ | 5.40 | .535 | .703 |
| $X_{23}$ | 5.54 | .646 | .791 |

KMO 检验和 Bartlett 球度检验的结果如表 4.18 所示。

表 4.18 KMO 和 Bartlett 的检验

| 取样足够度的 Kaiser-Meyer-Olkin 度量 | | .666 |
|---|---|---|
| Bartlett 的球形度检验 | 近似卡方 | 23.319 |
| | Df | 3 |
| | Sig. | .000 |

KMO 值为 0.666,近似等于 0.7,可以表示各个变量之间的相关程度无太大差异,可认为适合因子分析;Bartlett 球度检验相伴概率小于 0.01,表示相关系数矩阵不是一个单位矩阵,故认为适合作因子分析。

从表 4.19 看出,因子载荷大于 0.4,符合问卷结构效度要求,同时分析了每个因子的变量对因子总的解释程度。由此可见问卷结构效度较好,应急组织能力的因素变量也是有效的,可以进行进一步的分析和研究。

表 4.19 解释的总方差

| 成分 | 初始特征值 | | | 提取平方和载入 | | |
|---|---|---|---|---|---|---|
| | 合计 | 方差的 % | 累积 % | 合计 | 方差的 % | 累积 % |
| 1 | 1.414 | 47.134 | 47.134 | 1.414 | 47.134 | 47.134 |
| 2 | .919 | 30.649 | 77.783 | | | |
| 3 | .667 | 22.217 | 100.000 | | | |

(3) 应急指挥能力

对于应急指挥能力,根据问卷中的调查条目,其中分析其描述统计量和成分矩阵如表 4.20 所示。

KMO 检验和 Bartlett 球度检验的结果如表 4.21 所示。

KMO 值为 0.818,大于 0.7,可以表示各个变量之间的相关程度无太大差异,可认为适合因子分析;Bartlett 球度检验相伴概率小于0.01，表示相关系数矩阵不是一个单位矩阵，故认为适合作因子分析。

**表4.20 描述统计量和成分矩阵**

| | 均值 | 标准差 | 成分 |
|---|---|---|---|
| $X_{31}$ | 5.52 | .580 | .781 |
| $X_{32}$ | 6.42 | .538 | .740 |
| $X_{33}$ | 5.62 | .602 | .689 |
| $X_{34}$ | 6.54 | .503 | .475 |
| $X_{35}$ | 5.42 | .785 | .596 |
| $X_{36}$ | 5.68 | .683 | .614 |
| $X_{37}$ | 4.40 | .639 | .721 |
| $X_{38}$ | 5.80 | .670 | .498 |
| $X_{39}$ | 6.34 | .479 | .669 |
| $X_{310}$ | 5.80 | .670 | .473 |
| $X_{311}$ | 5.76 | .591 | .549 |
| $X_{312}$ | 6.32 | .513 | .559 |

**表4.21 KMO和Bartlett的检验**

| | | |
|---|---|---|
| 取样足够度的Kaiser-Meyer-Olkin度量 | | .818 |
| Bartlett的球形度检验 | 近似卡方 | 192.333 |
| | Df | 66 |
| | Sig. | .000 |

**表4.22 解释的总方差**

| 成分 | 初始特征值 | | | 提取平方和载入 | | |
|---|---|---|---|---|---|---|
| | 合计 | 方差的% | 累积% | 合计 | 方差的% | 累积% |
| 1 | 4.641 | 38.675 | 38.675 | 4.641 | 38.675 | 38.675 |
| 2 | 1.420 | 11.835 | 50.510 | | | |
| 3 | 1.115 | 9.295 | 59.804 | | | |
| 4 | .910 | 7.583 | 67.387 | | | |
| 5 | .727 | 6.054 | 73.442 | | | |
| 6 | .659 | 5.495 | 78.937 | | | |
| 7 | .636 | 5.297 | 84.234 | | | |
| 8 | .546 | 4.548 | 88.782 | | | |

续表

| 成分 | 初始特征值 | | | 提取平方和载入 | | |
|---|---|---|---|---|---|---|
| | 合计 | 方差的 % | 累积 % | 合计 | 方差的 % | 累积 % |
| 9 | .439 | 3.659 | 92.441 | | | |
| 10 | .374 | 3.116 | 95.558 | | | |
| 11 | .293 | 2.439 | 97.997 | | | |
| 12 | .240 | 2.003 | 100.000 | | | |

从表 4.22 看出，因子载荷大于 0.3，同时分析了每个因子的变量对因子总的解释程度。一般在社会科学中，当提出的变量对所研究因子的解释程度达到 30%以上就认为这些变量是有效的，故符合问卷结构效度要求，由此可见问卷结构效度较好，应急指挥能力的因素变量也是有效的，可以进行进一步的分析和研究。

（4）应急协调能力

对于应急协调能力，根据问卷中的调查条目，其中分析其描述统计量如表 4.23 所示。

**表 4.23　描述统计量和成分矩阵**

| | 均值 | 标准差 | 成分 |
|---|---|---|---|
| $X_{41}$ | 6.46 | .503 | .683 |
| $X_{42}$ | 6.40 | .495 | .503 |
| $X_{43}$ | 5.52 | .505 | .534 |
| $X_{44}$ | 6.38 | .490 | .762 |
| $X_{45}$ | 5.54 | .503 | .746 |

KMO 检验和 Bartlett 球度检验的结果如表 4.24 所示。

**表 4.24　KMO 和 Bartlett 的检验**

| 取样足够度的 Kaiser-Meyer-Olkin 度量 | | .717 |
|---|---|---|
| Bartlett 的球形度检验 | 近似卡方 | 40.973 |
| | Df | 10 |
| | Sig. | .000 |

KMO 值为 0.717，大于 0.7，可以表示各个变量之间的相关程

度无太大差异,可认为适合因子分析;Bartlett 球度检验相伴概率小于 0. 01,表示相关系数矩阵不是一个单位矩阵,故认为适合作因子分析。

**表 4. 25 解释的总方差**

| 成分 | 初始特征值 | | | 提取平方和载入 | | |
|---|---|---|---|---|---|---|
| | 合计 | 方差的 % | 累积 % | 合计 | 方差的 % | 累积 % |
| 1 | 2. 142 | 42. 847 | 42. 847 | 2. 142 | 42. 847 | 42. 847 |
| 2 | 1. 165 | 23. 295 | 66. 142 | | | |
| 3 | . 692 | 13. 848 | 79. 990 | | | |
| 4 | . 603 | 12. 051 | 92. 040 | | | |
| 5 | . 398 | 7. 960 | 100. 000 | | | |

从表 4. 25 看出,因子载荷大于 0. 4,符合问卷结构效度要求,同时分析了每个因子的变量对因子总的解释程度。由此可见问卷结构效度较好,应急协调能力的因素变量也是有效的,可以进行进一步的分析和研究。

(5) 应急控制能力

对于应急控制能力,根据问卷中的调查条目,其中分析其描述统计量和成分矩阵如表 4. 26 所示。

**表 4. 26 描述统计量和成分矩阵**

| | 均值 | 标准差 | 成分 |
|---|---|---|---|
| $X_{51}$ | 5. 96 | . 669 | . 718 |
| $X_{52}$ | 5. 76 | . 687 | . 689 |
| $X_{53}$ | 5. 76 | . 591 | . 565 |
| $X_{54}$ | 5. 66 | . 557 | . 819 |
| $X_{55}$ | 5. 48 | . 580 | . 700 |
| $X_{56}$ | 5. 66 | . 557 | . 775 |

KMO 检验和 Bartlett 球度检验的结果如表 4. 27 所示。

**表 4.27　KMO 和 Bartlett 的检验**

| | | |
|---|---|---|
| 取样足够度的 Kaiser-Meyer-Olkin 度量 | | .696 |
| Bartlett 的球形度检验 | 近似卡方 | 47.286 |
| | Df | 15 |
| | Sig. | .000 |

KMO 值为 0.696,近似等于 0.7,可以表示各个变量之间的相关程度无太大差异,可认为适合因子分析;Bartlett 球度检验相伴概率小于 0.01,表示相关系数矩阵不是一个单位矩阵,故认为适合作因子分析。

**表 4.28　解释的总方差**

| 成分 | 初始特征值 | | | 提取平方和载入 | | |
|---|---|---|---|---|---|---|
| | 合计 | 方差的 % | 累积 % | 合计 | 方差的 % | 累积 % |
| 1 | 2.130 | 35.508 | 35.508 | 2.130 | 35.508 | 35.508 |
| 2 | 1.165 | 19.423 | 54.931 | | | |
| 3 | 1.050 | 17.502 | 72.433 | | | |
| 4 | .750 | 12.501 | 84.934 | | | |
| 5 | .596 | 9.930 | 94.864 | | | |
| 6 | .308 | 5.136 | 100.000 | | | |

从表 4.28 看出,因子载荷大于 0.3,符合问卷结构效度要求,同时分析了每个因子的变量对因子总的解释程度。一般在社会科学中,当提出的变量对所研究因子的解释程度达到 30%以上就认为这些变量是有效的。由此可见问卷结构效度较好,应急控制能力的因素变量也是有效的,可以进行进一步的分析和研究。

（6）物资保障能力

对于物资保障能力,根据问卷中的调查条目,其中分析其描述统计量和成分矩阵如表 4.29 所示。

**表 4.29 描述统计量和成分矩阵**

| | 均值 | 标准差 | 成分 |
|---|---|---|---|
| $X_{61}$ | 5.60 | .756 | .790 |
| $X_{62}$ | 5.64 | .663 | .671 |
| $X_{63}$ | 5.58 | .673 | .576 |
| $X_{64}$ | 5.92 | .853 | .715 |
| $X_{65}$ | 5.34 | .961 | .597 |
| $X_{66}$ | 5.62 | .667 | .666 |

KMO 检验和 Bartlett 球度检验的结果如表 4.30 所示。

**表 4.30 KMO 和 Bartlett 的检验**

| | | |
|---|---|---|
| 取样足够度的 Kaiser-Meyer-Olkin 度量 | | .758 |
| Bartlett 的球形度检验 | 近似卡方 | 38.774 |
| | Df | 15 |
| | Sig. | .001 |

KMO 值为 0.758,大于 0.7,表示各个变量之间的相关程度无太大差异,可认为适合因子分析;Bartlett 球度检验相伴概率小于 0.01,表示相关系数矩阵不是一个单位矩阵,故认为适合作因子分析。

**表 4.31 解释的总方差**

| 成分 | 初始特征值 | | | 提取平方和载入 | | |
|---|---|---|---|---|---|---|
| | 合计 | 方差的 % | 累积 % | 合计 | 方差的 % | 累积 % |
| 1 | 2.037 | 33.944 | 33.944 | 2.037 | 33.944 | 33.944 |
| 2 | 1.163 | 19.384 | 53.328 | | | |
| 3 | .994 | 16.573 | 69.901 | | | |
| 4 | .884 | 14.726 | 84.626 | | | |
| 5 | .534 | 8.893 | 93.519 | | | |
| 6 | .389 | 6.481 | 100.000 | | | |

从表 4.31 看出，因子载荷大于 0.3，符合问卷结构效度要求，同时分析了每个因子的变量对因子总的解释程度。一般在社会科学中，当提出的变量对所研究因子的解释程度达到 30%以上就认为这些变量是有效的。由此可见问卷结构效度较好，物资保障能力的因素变量也是有效的，可以进行进一步的分析和研究。

### 4.6.2 相关性分析结果

（1）应急计划能力相关性检验

对应急计划能力的调查问卷条目进行相关性检验，得到应急计划能力各指标之间的相关性如表 4.32 所示。

**表 4.32 应急计划能力各指标之间的相关性**

| | $X_{11}$ | $X_{12}$ | $X_{13}$ | $X_{14}$ | $X_{15}$ |
|---|---|---|---|---|---|
| $X_{11}$ | 1.000 | -.056 | -.051 | .117 | -.086 |
| $X_{12}$ | -.056 | 1.000 | .051 | .108 | -.222 |
| $X_{13}$ | -.051 | .051 | 1.000 | .127 | .142 |
| $X_{14}$ | .117 | .108 | .127 | 1.000 | -.033 |
| $X_{15}$ | -.086 | -.222 | .142 | -.033 | 1.000 |

由于 $|r|<0.5$ 为低度相关或不相关，故本文中仅对 $|r|>0.5$ 的指标项作调整。可见各指标之间相关性较低，通过相关性检验，不需要作出调整。

（2）应急组织能力相关性分析

对应急组织能力的调查问卷条目进行相关性检验，得到应急组织能力各指标之间的相关性如表 4.33 所示。

**表 4.33 应急组织能力各指标之间的相关性**

| | $X_{21}$ | $X_{22}$ | $X_{23}$ |
|---|---|---|---|
| $X_{21}$ | 1.000 | .088 | .206 |
| $X_{22}$ | .088 | 1.000 | .308 |
| $X_{23}$ | .206 | .308 | 1.000 |

由表 4.33 可知,应急组织能力中的各指标间相关性均低于 0.5,并且大部分在 0.3 以下,说明各指标之间相关性很弱或不相关,因此,不需要作出调整。

(3) 应急指挥能力相关性分析

对应急指挥能力的调查问卷条目进行相关性检验,得到应急指挥能力各指标之间的相关性如表 4.34 所示。

**表 4.34 应急指挥能力各指标之间的相关性**

| | $X_{31}$ | $X_{32}$ | $X_{33}$ | $X_{34}$ | $X_{35}$ | $X_{36}$ | $X_{37}$ | $X_{38}$ | $X_{39}$ | $X_{310}$ | $X_{311}$ | $X_{312}$ |
|---|---|---|---|---|---|---|---|---|---|---|---|---|
| $X_{31}$ | 1.000 | .201 | .168 | -.003 | -.131 | .119 | -.077 | -.147 | .085 | -.200 | .133 | .047 |
| $X_{32}$ | .201 | 1.000 | .377 | .200 | .057 | .207 | -.083 | .068 | .227 | -.102 | .131 | .095 |
| $X_{33}$ | .168 | .377 | 1.000 | .152 | .172 | .095 | -.180 | -.142 | .174 | -.091 | .083 | -.061 |
| $X_{34}$ | -.003 | .200 | .152 | 1.000 | .034 | .097 | .013 | -.097 | .069 | .085 | .033 | .266 |
| $X_{35}$ | -.131 | .057 | .172 | .034 | 1.000 | -.277 | -.098 | .047 | .210 | .241 | .002 | .116 |
| $X_{36}$ | .119 | .207 | .095 | .097 | -.277 | 1.000 | .065 | .080 | .027 | -.009 | .059 | .123 |
| $X_{37}$ | -.077 | -.083 | -.180 | .013 | -.098 | .065 | 1.000 | -.238 | -.187 | .000 | .151 | -.150 |
| $X_{38}$ | -.147 | .068 | -.142 | -.097 | .047 | .080 | -.238 | 1.000 | -.102 | .091 | .082 | .071 |
| $X_{39}$ | .085 | .227 | .174 | .069 | .210 | .027 | -.187 | -.102 | 1.000 | -.038 | -.066 | .047 |

续表

| | $X_{31}$ | $X_{32}$ | $X_{33}$ | $X_{34}$ | $X_{35}$ | $X_{36}$ | $X_{37}$ | $X_{38}$ | $X_{39}$ | $X_{310}$ | $X_{311}$ | $X_{312}$ |
|---|---|---|---|---|---|---|---|---|---|---|---|---|
| $X_{310}$ | -.200 | -.102 | -.091 | .085 | .241 | -.009 | .000 | .091 | -.038 | 1.000 | .082 | .190 |
| $X_{311}$ | .133 | .131 | .083 | .033 | .002 | .059 | .151 | .082 | -.066 | .082 | 1.000 | -.078 |
| $X_{312}$ | .047 | .095 | -.061 | .266 | .116 | .123 | -.150 | .071 | .047 | .190 | -.078 | 1.000 |

由表4.34可知,应急指挥能力中的各指标间相关性均低于0.5,并且大部分在0.3以下,说明各指标之间相关性很弱或不相关,因此,不需要作出调整。

（4）应急协调能力

对应急协调能力的调查问卷条目进行相关性检验,得到应急协调能力各指标之间的相关性如表4.35所示。

**表4.35　应急协调能力各指标之间的相关性**

| | $X_{41}$ | $X_{42}$ | $X_{43}$ | $X_{44}$ | $X_{45}$ |
|---|---|---|---|---|---|
| $X_{41}$ | 1.000 | -.344 | .084 | .104 | .127 |
| $X_{42}$ | -.344 | 1.000 | -.033 | -.050 | .262 |
| $X_{43}$ | .084 | -.033 | 1.000 | .092 | .318 |
| $X_{44}$ | .104 | -.050 | .092 | 1.000 | -.021 |
| $X_{45}$ | .127 | .262 | .318 | -.021 | 1.000 |

由表4.35可知,应急协调能力中的各指标间相关性均低于0.5,并且大部分在0.3以下,说明各指标之间相关性很弱或不相关,因此,不需要作出调整。

（5）应急控制能力

对应急控制能力的调查问卷条目进行相关性检验,得到应急控制能力各指标之间的相关性如表4.36所示。

表 4.36 应急控制能力各指标之间的相关性

| | $X_{51}$ | $X_{52}$ | $X_{53}$ | $X_{54}$ | $X_{55}$ | $X_{56}$ |
|---|---|---|---|---|---|---|
| $X_{51}$ | 1.000 | -.066 | .130 | .127 | -.055 | -.201 |
| $X_{52}$ | -.066 | 1.000 | -.094 | .262 | .141 | -.217 |
| $X_{53}$ | .130 | -.094 | 1.000 | -.191 | .105 | .119 |
| $X_{54}$ | .127 | .262 | -.191 | 1.000 | .263 | -.117 |
| $X_{55}$ | -.055 | .141 | .105 | .263 | 1.000 | .136 |
| $X_{56}$ | -.201 | -.217 | .119 | -.117 | .136 | 1.000 |

由表 4.36 可以看出，应急控制能力中的各指标间相关性大部分低于 0.5，并且都在 0.3 以下，说明各指标之间相关性很弱或不相关，不需要作出调整。

(6) 物资保障能力

对物资保障能力的调查问卷条目进行相关性检验，得到物资保障能力各指标之间的相关性如表 4.37 所示。

表 4.37 资源保障能力各指标之间的相关性

| | $X_{61}$ | $X_{62}$ | $X_{63}$ | $X_{64}$ | $X_{65}$ | $X_{66}$ |
|---|---|---|---|---|---|---|
| $X_{61}$ | 1.000 | .277 | .265 | .456 | .332 | .219 |
| $X_{62}$ | .277 | 1.000 | -.071 | .453 | .100 | .285 |
| $X_{63}$ | .265 | -.071 | 1.000 | .047 | .068 | .137 |
| $X_{64}$ | .456 | .453 | .047 | 1.000 | .059 | .089 |
| $X_{65}$ | .332 | .100 | .068 | .059 | 1.000 | .047 |
| $X_{66}$ | .219 | .285 | .137 | .089 | .047 | 1.000 |

由表 4.37 可知，物资保障能力中的各指标间相关性都低于 0.5，并且大部分在 0.3 以下，说明各指标之间相关性很弱或不相关，不需要修正指标。

综上所述，经过因子分析、相关性分析、信度效度分析等技术分析，证明表 4.2 中所有指标都能很好的解释相应的问题，因此，得出地方高校突发事件应急管理能力指标体系如图 4.5 所示。

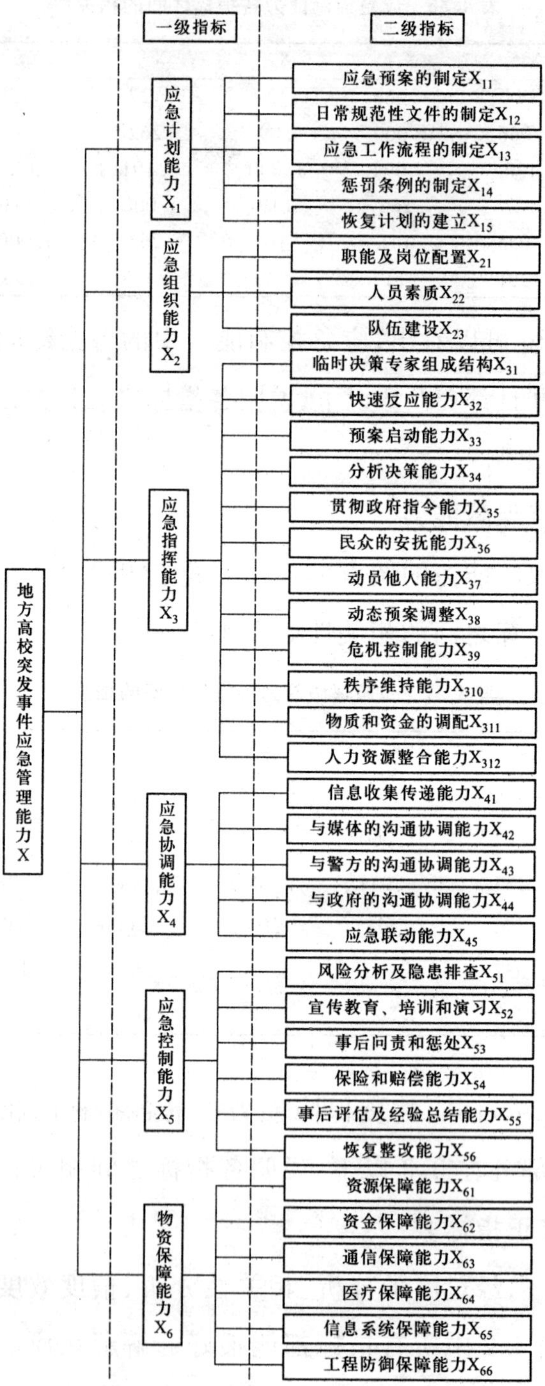


图 4.5　应急管理能力指标体系

## 4.7 本章小结

一是形成了地方高校应急管理能力评价的指标体系。

主要用科学的方法,以地方高校突发事件发生前后的组织职能及保障平台为指导,构建了以地方高校突发事件应急管理能力为评价对象的指标评价体系,其中一级指标6个,分别为应急计划能力、应急组织能力、应急指挥能力、应急协调能力、应急控制能力和资源保障能力。

在查阅大量相关文献后,根据之前所提出的6个一级指标,结合地方高校的特色,选定其中最具代表性的15套指标体系,综合提炼选取37个二级指标,得出应急管理能力指标。

同一类突发事件有大致相同的成因、运行及发展内在规律,其应对方式及所需要的应急管理能力应该是大致相同的。相应的,对于不同类型的突发事件,由于其成因、运行及发展内在规律都不相同,应对方式及所需要的管理能力肯定也会有所不同。有鉴于此,按照第三章所划分的高校突发事件5大类型,对不同类型突发事件中地方高校应急管理能力指标的侧重点相应进行了再界定,以对提炼出的能力指标能否涵盖各类突发事件应急管理能力,对各类突发事件应急管理能力能否支撑提炼出的能力指标,进行实证检验。

通过专家问卷调查的方法,分析突发事件不同类型的应急管理能力指标。进行资料的收集和分析,并对收集到的资料进行归纳,其中,安全事故类一级指标细分为心理健康、重大交通事故和意外事故类、暴力犯罪和治安案件类、教学管理类共4类,舆情信息类一级指标细分为网络管理类和监督政府、爱国情绪、谣言类2种类型，这样原来划分的5类，就按应急管理能力再细分为9类。这9种类型的每一类需要大致相同的应急管理能力，而且9类突发事件基本可以涵盖所有地方高校突发事件。通过专家调查，对这9类突发事件的二级指标进行了研究，并对具体的观测点进行了细化分析。

基于上述经验分析，我们对应急计划、组织、指挥、协调、控制、物质保障6个一级指标及其37个二级指标进行了较为详细的描述。

二是对构建的指标体系进行了检验。

根据突发事件的分类，针对每一类突发事件界定应急管理的侧重点，对构建的指标体系进行检验。

首先设计地方高校突发事件应急管理能力指标体系的调查问卷，通过小样本测试，发现问卷的信度效度较高，可以进行大规模调查。进而通过大规模的发放问卷，收集数据，通过因子分析法说明37个二级指标均能被所提出的一级指标所解释；通过相关性分析，发现二级指标中的因素相关性都比较弱，不需要修正，从而最终形成地方高校突发事件应急管理能力指标体系。

# 5 地方高校突发事件应急管理能力评价模型

系统评价是系统工程中一个非常重要的问题,同时也是一项非常困难的工作。汪应洛在《系统工程理论、方法与应用》一书中,归纳出三类系统评价的理论和方法。第一类是以数理为基础的理论,第二类是以统计为主的理论和方法,第三类是重视决策支持的方法。

构建地方高校突发事件应急能力指标体系的目的,是为了给地方高校自测及政府管理提供依据。这就要求体系中各指标具有可测性,也就是要对各指标进行结构属性描述,并在此基础上进行赋值,以便于应用者利用指标体系进行具体的能力评价。本章应用以统计为主的理论和方法,首先通过实地访谈和调研,查阅相关资料,听取专家对指标评价标准的想法和意见,确定评价方法及各指标的评价标准;然后运用层次分析、熵值修正等方法,通过构建两两判断矩阵,对一、二级指标权重进行计算;最后建立多层次模糊综合评价模型,满足对要调查地方高校进行综合评价的要求。

## 5.1 评价方法

系统评价方法发展到今天,已有十几种之多,本章应用的层次分析和多层次模糊评价,都属于以统计为主的理论和方法,都是通过统计数据来建立只凭感觉不能测量的系统评价的评价模型。

对地方高校突发事件应急管理能力进行评价,要求对每个指标进行赋值。但指标中有些可以进行定量处理,有些需要进行主观赋值。因此,地方高校突发事件应急管理能力指标中既包含客观的定量指标,又包含主观的定性指标。这就需要在取值标准方面有所界定,以达到定性定量指标结合,主观客观分析统一量化的效果。

指标体系的评价标准采用五级制,对于可以量化的指标,可以根据指标所需具备的特性等方面来打分,总分为5,将分值平均分布到每条特性上;对于不可以量化的指标,通过专家打分法来为每项指标打分,最高分值为5。

定量的指标有一些可以从一些统计部门收集资料,有一些可以从教育部门收集资料,有一些需要到各个地方高校调研来收集资料,再进一步结合地方高校的具体实际情况来统一评价标准并调整评价标准。定量指标评价标准的制定需要具备三方面的条件:一是指标的可操作性,二是资料收集的准确可靠性,三是资料所处统计期的一致性。在具备这些条件之后所得出的评价结果才具有实际价值。

## 5.2 指标评价标准

对于一些需要专家打分的指标，需要界定评价指标的赋值规则：

5——完全有能力，表示已完全具备本项目的能力要求，所需要的只是保持；

4——有能力，表示已具备绝大部分能力，但还需要继续完善；

3——有一定能力，表示已具备最低能力要求，但还需较大努力才可完全具备本项目的能力要求；

2——有一点能力，表示已取得某种进展，但还需要相当大的努力才可完全具备本项目的能力要求；

1——不适用/不具备该种能力，表示不需要培养这方面的能力或者是根本没有培养该种能力。

### 5.2.1 应急计划能力指标评价标准

应急计划能力中各指标的评价标准如表 5.1 所示。

### 5.2.2 应急组织能力指标评价标准

应急组织能力中各指标评价标准如表 5.2 所示。

**表 5.1　应急计划能力中各指标评价标准**

| 一级指标 | 二级指标 | 评价标准 |
| --- | --- | --- |
| 计划能力 $X_1$ | 应急预案制定 $X_{11}$ | 应急预案的制定需要满足下列条件，每满足一条 1.5 分，三条全部满足为 5 分<br>① 突发事件应急预案是结合本校实际修订的<br>② 突发事件应急预案的内容在组织上得到落实、各项工作是有指定人员负责的<br>③ 根据学校发展和组织人事的变动对突发事件应急预案进行及时修改的 |
| | 日常规范性文件的制定 $X_{12}$ | 完整、实时性，定量分值为 5<br>文件制定滞后，细则完备，定量分值为 4<br>基本完备，但细则不足，定量分值为 3<br>有，不适用，定量分值为 2<br>缺失，定量分值为 1 |
| | 应急工作流程的制定 $X_{13}$ | 完整、实时性，定量分值为 5<br>文件制定滞后，细则完备，定量分值为 4<br>基本完备，但细则不足，定量分值为 3<br>有，不适用，定量分值为 2<br>缺失，定量分值为 1 |
| | 惩罚条例的制定 $X_{14}$ | 公正、公平、完整，定量分值为 5<br>文件制定滞后，细则公正、公平、完整，定量分值为 4<br>基本完备，但细则不足，定量分值为 3<br>有，不适用，定量分值为 2<br>缺失，定量分值为 1 |
| | 恢复计划建立 $X_{15}$ | 根据事件实际情况，迅速制订恢复计划，实施效果良好，定量分值为 5<br>根据事件实际情况，制订恢复计划，实施效果一般，定量分值为 4<br>根据事件实际情况，制订恢复计划，无明显效果，定量分值为 3<br>根据事件实际情况，制订恢复计划，并未实施，定量分值为 2<br>无恢复计划，定量分值为 1 |

**表 5.2 应急组织能力中各指标评价标准**

| 一级指标 | 二级指标 | 评价标准 |
|---|---|---|
| 组织能力 $X_2$ | 职能及岗位配置 $X_{21}$ | 定岗定人,有专家,定量分值为 5<br>定岗定人,定量分值为 4<br>岗位设置有交叉,人员落实,定量分值为 3<br>岗位设置有交叉,人员不到位,定量分值为 2<br>岗位描述不清晰,人员不落实,定量分值为 1 |
| | 人员素质 $X_{22}$ | 满足应急管理要求的复合型人才,定量分值为 5<br>年龄结构合理,专业对口,学历适中,有经验,定量分值为 4<br>年龄结构合理,专业对口,学历适中,但无经验,定量分值为 3<br>年龄结构不合理,专业不对口,学历适中,有经验,定量分值为 2<br>年龄结构不合理,专业不对口,学历低,无经验,定量分值为 1 |
| | 队伍建设 $X_{23}$ | 结构合理,有相应的队伍建设计划(例如培训计划等),定量分值为 5<br>符合应急管理要求的各层面人员配备,结构较合理,定量分值为 4<br>有相关人员,但缺乏层次化的人员,定量分值为 3<br>无相应的领导分管及专业人员,定量分值为 2<br>队伍建设无规划,定量分值为 1 |

### 5.2.3 应急指挥能力指标评价标准

应急指挥能力中各指标评价标准如表 5.3 所示。

**表 5.3 应急指挥能力中各指标评价标准**

| 一级指标 | 二级指标 | 评价标准 |
| --- | --- | --- |
| 指挥能力 $X_3$ | 临时决策专家组成结构 $X_{31}$ | 配备满足决策要求的复合型人才,取定量分值为 5<br>年龄结构合理,学历专业对口,有科研能力,有经验,取定量分值为 4<br>年龄结构合理,学历适中,无科研能力,有经验,取定量分值为 3<br>年龄偏大或偏轻,有一定学历,无科研能力,有经验,取定量分值为 2<br>年龄偏大或偏轻,学历低,无科研能力,无经验,取定量分值为 1 |
| | 快速反应能力 $X_{32}$ | ① 对于不需要建立指挥中心的应急事件:<br>校园内安保人员到达事发现场的时间低于 5 分钟,取定量分值为 5<br>5—10 分钟,取值为 4;10—15 分钟,取值为 3;15—20 分钟,取值为 2<br>20 分钟以上或无人到达,取值为 1<br>② 对于需要建立指挥中心的重特大类应急事件:<br>成立指挥中心时间在事发前,相关人员到达事发现场的时间低于 5 分钟,取定量分值为 5<br>成立指挥中心在事件发生后 5—10 分钟内,相关人员到达事发现场的时间在 5—10 分钟,取定量分值为 4<br>成立指挥中心在事件发生后 10—20 分钟内,相关人员到达事发现场的时间在 10—20 分钟,取定量分值为 3<br>成立指挥中心在事件发生后 20—30 分钟内,相关人员到达事发现场的时间低于 20—30 分钟,取定量分值为 2<br>成立指挥中心在事件发生 30 分钟以上或没有此环节,相关人员到达事发现场的时间在 30 分钟以后或无相关人员到达,取定量分值为 1 |

续表

| 一级指标 | 二级指标 | 评价标准 |
| --- | --- | --- |
| | 预案启动能力 $X_{33}$ | 根据突发事件情况,5—10 分钟内选择相应预案,应急预案启动时间不超过 30 分钟,定量分值为 5<br>根据突发事件情况,10—15 分钟内选择相应预案,应急预案启动时间不超过 40 分钟,定量分值为 4<br>根据突发事件情况,15—20 分钟内选择相应预案,应急预案启动时间不超过 50 分钟,定量分值为 3<br>根据突发事件情况,20—25 分钟内选择相应预案,应急预案启动时间不超过 60 分钟,定量分值为 2<br>根据突发事件情况,30 分钟以上选择相应预案,应急预案启动时间超过 60 分钟,定量分值为 1 |
| 指挥能力 $X_3$ | 分析决策能力 $X_{34}$ | 完全有能力对信息进行处理,在 30 分钟内由专家得出首次辅助决策方案,并且完全准确,定量分值为 5<br>有能力对信息进行处理,30—55 分钟得出首次辅助决策方案,并且很准确,定量分值为 4<br>有一定能力对信息进行处理,55—75 分钟得出首次辅助决策方案,方案准确,定量分值为 3<br>有一点能力对信息进行处理,75—95 分钟得出首次辅助决策方案,方案基本准确,定量分值为 2<br>不适用/不具备该种能力对信息进行处理,95 分钟以上得出首次辅助决策方案,方案不准确,定量分值为 1 |
| | 贯彻政府指令能力 $X_{35}$ | 对于重特大突发事件,政府指令下达后,地方高校对指令的执行力度:<br>完全执行指令,在收到指令后立即执行,全范围内执行,定量分值为 5<br>完全执行指令,时间上有滞后,全范围执行,定量分值为 4<br>部分执行指令,时间上有滞后,全范围执行;或完全执行指令,时间上有滞后,部分范围执行,定量分值为 3<br>部分执行指令,时间上有滞后,部分范围执行,定量分值为 2<br>不执行政府指令,定量分值为 1 |
| | 师生的安抚能力 $X_{36}$ | 对于重特大突发事件和舆论较大的突发事件,地方高校需要辟谣且对师生员工进行安抚 |

续表

| 一级指标 | 二级指标 | 评价标准 |
|---|---|---|
| | 师生的安抚能力 $X_{36}$ | 及时通过各种途径辟谣且安抚师生员工，效果很好，定量分值为 5<br>及时通过各种途径辟谣且安抚师生员工，部分师生员工不信任但情况有明显好转，定量分值为 4<br>未及时辟谣且安抚师生，辟谣后，部分师生不信任但秩序基本稳定，定量分值为 3<br>未及时辟谣且安抚师生员工，辟谣后，师生员工不信任且情况并无好转，秩序暂时稳定，随时有变坏的情况发生，定量分值为 2<br>不作为，或安抚辟谣根本起不到一点作用，定量分值为 1 |
| 指挥能力 $X_3$ | 动员师生能力 $X_{37}$ | 对于重特大事件，发动校内除应急组织外的人员正面行动的能力：<br>事件发生后 1 小时内，取定量分值为 5<br>事件发生后 1—3 小时内，取定量分值为 4<br>事件发生后 3—9 小时内，取定量分值为 3<br>事件发生后 9—24 小时内，取定量分值为 2<br>事件发生 24 小时后或没有此环节，取定量分值为 1 |
| | 动态预案调整 $X_{38}$ | 实时获得事发现场信息，及时调整应急预案，效果很好，定量分值为 5<br>及时获得事发现场信息，及时调整应急预案，效果较好，定量分值为 4<br>在得到信息反馈后，及时调整应急预案，效果一般，定量分值为 3<br>在得到信息反馈后，及时调整应急预案，效果较差，定量分值为 2<br>无预案调整，定量分值为 1 |

续表

| 一级指标 | 二级指标 | 评价标准 |
| --- | --- | --- |
| 指挥能力 $X_3$ | 危机控制能力 $X_{39}$ | 高校是否采取应急措施,防止突发事件的进一步蔓延:<br>完全有能力,定量分值为 5;有能力,定量分值为 4<br>有一定能力,定量分值为 3;有一点能力,定量分值为 2<br>不适用/不具备该种能力,定量分值为 1 |
| | 秩序维持能力 $X_{310}$ | 突发事件中维护正常校园环境的能力,打击刑事犯罪的能力,消除不安定因素的能力<br>完全有能力,定量分值为 5;有能力,定量分值为 4<br>有一定能力,定量分值为 3;有一点能力,定量分值为 2<br>不适用/不具备该种能力,定量分值为 1 |
| | 物质和资金的调配 $X_{311}$ | 根据应急工作的需要,从相关部门调配应急管理所需各种物资和资金资源的及时性及分配合理性<br>完全有能力调动资源,且分配及时合理,定量分值为 5<br>有能力调动资源,且分配合理,定量分值为 4<br>有一定能力调动资源,且分配较为合理,定量分值为 3<br>有一点能力调动资源,且分配不合理,定量分值为 2<br>无能力调动分配资源,定量分值为 1 |
| | 人力资源整合能力 $X_{312}$ | 相互之间配合默契,定量分值为 5<br>配合效果欠佳,协调后配合效果良好,定量分值为 4<br>有协调,但配合不理想,定量分值为 3<br>协调不力,定量分值为 2<br>不协调,定量分值为 1 |

### 5.2.4 应急协调能力指标评价标准

应急协调能力中各指标评价标准如表 5.4 所示。

表 5.4　应急协调能力中各指标评价标准

| 一级指标 | 二级指标 | 评价标准 |
| --- | --- | --- |
| 协调能力 $X_4$ | 信息收集传递能力 $X_{41}$ | 对所收集的信息经过筛选后，及时将信息传输给大众，信息传输准确、有效、真实，为解决突发事件起到积极作用，定量取值为 5<br>对所收集的信息经过筛选后，将信息传输给大众，信息传输准确、真实，为解决突发事件起到一定积极作用，定量取值为 4<br>对所收集的信息传输给大众，为解决突发事件起到一定作用，定量取值为 3<br>对所收集的信息传输给大众，信息传输不清晰、有歧义，为解决突发事件无作用，定量取值为 2<br>未传输任何信息，或传输错误信息，或传输信息加重了解决突发事件的难度，定量取值为 1 |
| | 与媒体的沟通协调能力 $X_{42}$ | 与媒体沟通好，媒体给予正面报道，对解决突发事件起到积极作用，定量分值为 5<br>与媒体沟通较好，配合效果欠佳，媒体给予正面报道，对解决突发事件起到一定积极作用，定量分值为 4<br>与媒体有沟通，但配合不理想，媒体给予报道，对解决突发事件无作用，定量分值为 3<br>与媒体有沟通，协调不力，媒体给予报道，加重解决突发事件的难度，定量分值为 2<br>与媒体无沟通，任由媒体报道，不协调，定量分值为 1 |
| | 与警方的沟通协调能力 $X_{43}$ | 及时报警，与警方沟通效果好，事件得到最佳处理，定量分值为 5<br>及时报警，与警方沟通欠佳，事件得到处理，定量分值为 4<br>及时报警，与警方有沟通，但不理想，事件得到处理，定量分值为 3<br>未及时报警，与警方沟通不力，事件处理效果不太理想，定量分值为 2<br>未报警，未与警方沟通，事件未处理，定量分值为 1 |

续表

| 一级指标 | 二级指标 | 评价标准 |
| --- | --- | --- |
| 协调能力 $X_4$ | 与政府的沟通协调能力 $X_{44}$ | 在政府下达指令后，若高校有异议，则：<br>及时与政府进行沟通，提出合理建议，并使政府采纳相应方案，定量分值为 5<br>及时与政府进行沟通，提出合理建议，与政府相关人员协调后达成一致方案，定量分值为 4<br>与政府进行沟通，与政府相关人员协调沟通后形成新的方案或措施，定量分值为 3<br>与政府进行沟通，沟通效果不太好，虽建议未被采纳，但对政府制定决策有一定影响，定量分值为 2<br>未与政府沟通，或沟通效果极不理想，对事件起不到任何积极作用，定量分值为 1 |
| | 应急联动能力 $X_{45}$ | 对于重特大突发事件，地方高校应急联动能力体现在联动学校的个数、高校联动统一管理、行动的一致性、资源的共享和互动性等方面。具体评价标准：<br>联动高校在 13 个以上，高校统一管理，统一行动，资源共享，互动性强，协调效果好，取定量分值 5<br>联动高校在 10—13 个，高校之间协调管理，统一行动，协调效果较好，取定量分值为 4<br>联动高校在 6—10 个，高校统一行动，协调效果较好，取定量分值为 3<br>联动高校在 2—6 个，高校统一行动，取定量分值为 2<br>未建立应急联动，取分值为 1 |

### 5.2.5 应急控制能力指标评价标准

应急控制能力中各指标评价标准如表 5.5 所示。

**表 5.5　应急控制能力中各指标评价标准**

| 一级指标 | 二级指标 | 评价标准 |
|---|---|---|
| 控制能力 $X_5$ | 风险分析及隐患排查（定期检测、预防）$X_{51}$ | 高校定期对设施维护，风险源发现及时，并及时采取措施消除风险，排除隐患，预防到位；风险发生概率分析准确，影响结果范围估计准确<br>定期检测，风险分析准确，隐患排查到位，取定量分值为 5<br>偶然检测，风险分析准确，隐患排查到位，取定量分值为 4<br>偶然检测，风险分析较为准确，隐患排查不到位，取定量分值为 3<br>偶然检测，无风险分析，隐患排查不到位，取定量分值为 2<br>无检测，无风险分析，无隐患排查，取定量分值为 1 |
| | 宣传教育、培训和演习 $X_{52}$ | 有相应计划，相关人员定期接受培训，每季度在校园内举办突发事件应急教育宣传一次以上；每半年举行演习一次以上，取定量分值为 5<br>有相应计划，相关人员定期接受培训，每半年在校园内举办有部分相应计划，突发事件应急教育宣传一次以上；每一年举行演习一次以上，取定量分值为 4<br>无相应计划，相关人员不定期接受培训，每年在校园内举办突发事件应急教育宣传一次以上，隔几年举行一次演习，取定量分值为 3<br>无相应计划，相关人员偶尔接受培训，小范围内举办突发事件应急教育宣传一年一次以上，无演习，取定量分值为 2<br>无计划，无培训、无宣传教育、无演习，取定量分值为 1 |
| | 事后问责及惩处 $X_{53}$ | 非常客观、非常公正、非常公平，取定量分值为 5<br>客观、公正、公平，取定量分值为 4<br>比较客观、比较公正、比较公平，取定量分值为 3<br>不太客观、不太公正、不太公平，取定量分值为 2<br>不客观、不公正、不公平，取定量分值为 1 |

续表

| 一级指标 | 二级指标 | 评价标准 |
|---|---|---|
| | 保险和赔偿能力 $X_{54}$ | 完全有能力，取定量分值为 5<br>有能力，取定量分值为 4<br>有一定能力，取定量分值为 3<br>有一定能力，取定量分值为 2<br>不适用/不具备该种能力，取定量分值为 1 |
| 控制能力 $X_5$ | 事后评估及经验总结能力 $X_{55}$ | 有完整的评估体系，评价结果准确，付诸实施效果好，经验总结方案健全，有专业人员，总结效果好、覆盖面广，取定量分值为 5<br>评估办法完整，评价结果较为准确，付诸实施效果较好；有经验总结方案，有专业人员，取定量分值为 4<br>一般性的评估办法，没有制度化，评价结果一般，付诸实施效果一般；有经验总结方案，但无专业人员从事该项工作，取定量分值为 3<br>有事后评估，不完整；有经验总结方案，但未实施，取定量分值为 2<br>无时候评估，无经验总结，取定量分值为 1 |
| | 恢复整改能力 $X_{56}$ | 有完整的恢复整改方案，并完全有能力实施好，定量分值为 5<br>有比较完整的恢复整改方案，并有能力实施好，定量分值为 4<br>有简单的恢复整改方案，并有一定能力实施好，定量分值为 3<br>有方案，但不完整，有一点能力实施好，定量分值为 2<br>无方案，也无能力实施好，定量分值为 1 |

### 5.2.6 物资保障能力指标评价标准

物资保障能力中各指标评价标准如表 5.6 所示。

**表 5.6　物资保障能力中各指标评价标准**

| 一级指标 | 二级指标 | 评价标准 |
| --- | --- | --- |
| 物资保障能力 $X_6$ | 资源保障能力 $X_{61}$ | 应急资源配备充足，有固定储存地方，有专人负责，取定量分值为 5<br>应急资源配备较充足，有固定储存地方，有专人负责，取定量分值为 4<br>应急资源配备较充足，有固定储存地方，无专人负责，取定量分值为 3<br>应急资源配备不充足，无固定储存地方，无专人负责，取定量分值为 2<br>无应急资源配备，取定量分值为 1 |
| | 资金保障能力 $X_{62}$ | 资金充足，资金到位，取定量分值为 5<br>资金比较充足，资金到位，取定量分值为 4<br>资金比较充足，资金不到位，取定量分值为 3<br>资金不太充足，资金不到位，取定量分值为 2<br>无应急资金，取定量分值为 1 |
| | 通信保障能力 $X_{63}$ | 通信设备配备齐全，且通信设备、通信网络运行很正常，取定量分值为 5<br>通信设备配备比较充足，且通信设备、通信网络运行正常，取定量分值为 4<br>有一定通信设备配备，或通信设备、通信网络运行较正常，取定量分值为 3<br>有一点通信设备配备，或通信设备、通信网络运行不太正常，取定量分值 2<br>无通信设备配备，取定量分值为 1 |
| | 医疗保障能力 $X_{64}$ | 医疗设备充分，设备到位，取定量分值为 5<br>医疗设备比较充足，设备到位，取定量分值为 4<br>医疗设备比较充足，设备不到位，取定量分值为 3<br>医疗设备不太充足，设备不到位，取定量分值为 2<br>医疗设备不充足或没有，取定量分值为 1 |

续表

| 一级指标 | 二级指标 | 评价标准 |
| --- | --- | --- |
| 物资保障能力 $X_6$ | 信息系统保障能力 $X_{65}$ | 信息系统建设完善,系统设计得非常稳定,系统处理信息能力很强,防入侵能力强,取定量分值为 5<br>信息系统建设较完善,系统设计稳定,系统处理信息能力强,取定量分值为 4<br>信息系统建设比较完善,系统设计比较稳定,系统处理信息能力较强,取定量分值为 3<br>信息系统建设不太完善,系统设计不太稳定,系统处理信息能力不太强,取定量分值为 2<br>信息系统建设不完善或无,取定量分值为 1 |
| | 工程防御保障能力 $X_{66}$ | 按照应急规范设计建筑防护比例建设,工程完全有能力抵制灾害,取定量分值为 5<br>按应急规范设计建筑防护比例建设,工程比较有能力抵制灾害,取定量分值为 4<br>与应急规范设计的建筑防护比例有一些出入,工程比较有能力抵制灾害,取定量分值为 3<br>不太符合应急规范设计的建筑防护比例,工程有一定能力抵制灾害,取定量分值为 2<br>完全不符合应急规范设计的建筑防护比例,工程完全没有能力抵制灾害,取定量分值为 1 |

综合以上度量标准,应急管理能力评价指标定性定量属性如表 5.7 所示。当然,这里的定量与定性只是相对而言的概念,定量只是说指标中可以测量比较的东西多一些而已,但也并不是严格意义上的量化概念,仍需要专家的经验赋值。比如这里把“应急预案制定 $X_{11}$”作为定量指标,而把“日常规范性文件的制定 $X_{12}$”作为定性指标,是因为 $X_{11}$ 是否制定、修订应急预案相对来说比较直观,可以很容易看出来并予以界定,而 $X_{12}$ 指标评价中引入的“完整、实时性”概念相对来说主观成分更大,更加难于界定把握。

表 5.7　应急能力评价指标定性定量属性

| 一级指标 | 二级指标 | 定量/定性 |
|---|---|---|
| 计划能力 $X_1$ | 应急预案制定 $X_{11}$ | 定量 |
| | 日常规范性文件的制定 $X_{12}$ | 定性 |
| | 应急工作流程的制定 $X_{13}$ | 定性 |
| | 惩罚条例的制定 $X_{14}$ | 定性 |
| | 恢复计划建立 $X_{15}$ | 定性 |
| 组织能力 $X_2$ | 职能及岗位配置 $X_{21}$ | 定性 |
| | 人员素质 $X_{22}$ | 定性 |
| | 队伍建设 $X_{23}$ | 定性 |
| 指挥能力 $X_3$ | 临时决策专家组成结构 $X_{31}$ | 定性 |
| | 快速反应能力 $X_{32}$ | 定量 |
| | 预案启动能力 $X_{33}$ | 定量 |
| | 分析决策能力 $X_{34}$ | 定量 |
| | 贯彻政府指令能力 $X_{35}$ | 定性 |
| | 师生的安抚能力 $X_{36}$ | 定性 |
| | 动员师生能力 $X_{37}$ | 定量 |
| | 动态预案调整 $X_{38}$ | 定性 |
| | 危机控制能力 $X_{39}$ | 定性 |
| | 秩序维持能力 $X_{310}$ | 定性 |
| | 物质和资金的调配 $X_{311}$ | 定性 |
| | 人力资源整合能力 $X_{312}$ | 定性 |
| 协调能力 $X_4$ | 信息收集传递能力 $X_{41}$ | 定性 |
| | 与媒体的沟通协调能力 $X_{42}$ | 定性 |
| | 与警方的沟通协调能力 $X_{43}$ | 定性 |
| | 与政府的沟通协调能力 $X_{44}$ | 定性 |
| | 应急联动能力 $X_{45}$ | 定性/定量 |

续表

| 一级指标 | 二级指标 | 定量/定性 |
| --- | --- | --- |
| 控制能力 $X_5$ | 风险分析及隐患排查(定期检测、预防) $X_{51}$ | 定性 |
| | 宣传教育、培训和演习 $X_{52}$ | 定量 |
| | 事后问责及惩处 $X_{53}$ | 定性 |
| | 保险和赔偿能力 $X_{54}$ | 定性 |
| | 事后评估及经验总结能力 $X_{55}$ | 定性 |
| | 恢复整改能力 $X_{56}$ | 定性 |
| 物资保障能力 $X_6$ | 资源保障能力 $X_{61}$ | 定性 |
| | 资金保障能力 $X_{62}$ | 定性 |
| | 通信保障能力 $X_{63}$ | 定性 |
| | 医疗保障能力 $X_{64}$ | 定性 |
| | 信息系统保障能力 $X_{65}$ | 定性 |
| | 工程防御保障能力 $X_{66}$ | 定性 |

## 5.3 权重的确定

层次分析法是由托马斯·L. 萨蒂(Thomas L Saaty)开发出的一种用来解决复杂多准则决策问题的方法。其特点是在对复杂的决策问题的本质、影响因素及其内在关系等进行深入分析的基础上,利用较少的定量信息使决策的思维过程数学化,从而为多目标、多准则或无结构特性的复杂决策问题提供简便的决策方法。该方法将定量分析与定性分析结合起来,用决策者的经验判断各衡量目标能否实现的标准之间的相对重要程度,并合理地给出每个决策方案的每个标准的权数,利用权数求出各方案的优劣次序,比较有效地应用于那些难以用定量方法解决的课题。

高校应急能力评价指标权重的确定采用层次分析法(analytic

hierarchy process, AHP),把复杂问题分解成各个组成因素,又将这些因素按支配关系分组形成递阶层次结构;通过两两比较的方式确定各个因素的相对重要性,然后综合决策者的判断,确定决策方案相对重要性的总排序。

### 5.3.1 一级指标权重的确定

通过对专家进行问卷调查(见附录4)来计算指标的权重。选取15个主管后勤或主管安全稳定的高校领导,对其发放问卷,为各个指标的相对重要程度打分,根据专家所给的分值加权平均,结合层次分析法的基本原理,用6个一级评价指标建立起判断矩阵。其中6个一级指标是:应急计划能力、应急组织能力、应急指挥能力、应急协调能力、应急控制能力、物资保障能力,分别表示为:$X_1$,$X_2$,$X_3$,$X_4$,$X_5$,$X_6$。其判断矩阵构建如表5.8所示。

表5.8 一级评价指标专家赋值表

| 判断矩阵 | $X_1$ | $X_2$ | $X_3$ | $X_4$ | $X_5$ | $X_6$ |
|---|---|---|---|---|---|---|
| $X_1$ | 1 | 0.83 | 0.56 | 0.48 | 0.71 | 1.1 |
| $X_2$ | 1.2 | 1 | 0.67 | 0.56 | 0.77 | 1.3 |
| $X_3$ | 1.8 | 1.5 | 1 | 0.9 | 1.1 | 2.0 |
| $X_4$ | 2.1 | 1.8 | 1.1 | 1 | 1.3 | 2.3 |
| $X_5$ | 1.4 | 1.3 | 0.9 | 0.77 | 1 | 1.6 |
| $X_6$ | 0.9 | 0.77 | 0.5 | 0.43 | 0.625 | 1 |

采用和积法计算权重得:$W_i=(0.12,0.14,0.21,0.24,0.18,0.11)$,在计算机程序下求出判断矩阵的最大特征根 $\lambda_{max}=5.9997$,$CI=0.00$;已知$RI=1.24$,则检验指标 $CR=CI/RI=0.00<0.1$,判断矩阵有较好的一致性。得出指标排序:$W_{X4}>W_{X3}>W_{X5}>W_{X2}>W_{X1}>W_{X6}$。

### 5.3.2 熵值修正一级指标权重

AHP法在专家打分的时候容易出现传递性差或标度把握不

准确等问题,因此,可以通过熵值修正技术来修正权重。

首先,对构造的判断矩阵进行归一化处理,其结果表示为 $P_{ij}$,计算公式如下:

$$p_{ij}=\frac{x_{ij}}{\sum_{i=1}^{m}x_{ij}}$$

计算第 $j$ 项指标的熵值 $e_j$:

$$e_j=-k\sum_{i=1}^{n}p_{ij}\ln(p_{ij})\text{ ,其中},k>0,k=1/\ln(n),e_j\geqslant 0$$

计算第 $j$ 项指标的差异系数。对第 $j$ 项指标,指标值的差异越大,对方案评价的左右就越大,熵值就越小。定义差异系数:

$$g_j=\frac{1-e_j}{m-E_e}\text{,式中 }E_e=\sum_{j=1}^{m}e_j,0\leqslant g_i\leqslant 1,\sum_{j=1}^{m}g_j=1$$

求权值:$\mu_j=\dfrac{g_j}{\sum_{j=1}^{n}g_j}$

利用信息权重系数 $\mu_j$,修正 AHP 法得出的指标权系数 $\lambda_j$,公式:$\lambda_j=\dfrac{\mu_j w_j}{\sum_{j=1}^{n}\mu_j w_j}$

通过熵值修正法得到一级指标修正权重如表 5.9 所示:

**表 5.9　一级指标熵值修正权重**

| 指标 | $e$ | $g$ | $\mu$ | $\lambda$ |
|---|---|---|---|---|
| $X_1$ | 0.9744 | 0.1757 | 0.1758 | 0.13 |
| $X_2$ | 0.9738 | 0.1798 | 0.1799 | 0.15 |
| $X_3$ | 0.9770 | 0.1578 | 0.1579 | 0.20 |
| $X_4$ | 0.9730 | 0.1853 | 0.1854 | 0.27 |
| $X_5$ | 0.9816 | 0.1263 | 0.1264 | 0.14 |
| $X_6$ | 0.9746 | 0.1743 | 0.1745 | 0.11 |

### 5.3.3 二级指标权重的确定

同理,对各一级指标下的二级指标建立判断矩阵,计算权重,求出检验指标均小于0.1,证明判断矩阵均有较好的一致性;再次进行熵值修正,如表5.10所示。

**表5.10 应急管理能力指标权重**

| 一级指标 | 权重 | 二级指标 | 权重 | 综合权重 |
| --- | --- | --- | --- | --- |
| 计划能力 $X_1$ | 0.13 | 应急预案制定 $X_{11}$ | 0.32 | 0.0416 |
| | | 日常规范性文件的制定 $X_{12}$ | 0.21 | 0.0273 |
| | | 应急工作流程的制定 $X_{13}$ | 0.20 | 0.026 |
| | | 惩罚条例的制定 $X_{14}$ | 0.18 | 0.0234 |
| | | 恢复计划建立 $X_{15}$ | 0.09 | 0.0117 |
| 组织能力 $X_2$ | 0.15 | 职能及岗位配置 $X_{21}$ | 0.39 | 0.0585 |
| | | 人员素质 $X_{22}$ | 0.36 | 0.054 |
| | | 队伍建设 $X_{23}$ | 0.25 | 0.0375 |
| 指挥能力 $X_3$ | 0.20 | 临时决策专家组成结构 $X_{31}$ | 0.132 | 0.0264 |
| | | 快速反应能力 $X_{32}$ | 0.129 | 0.0258 |
| | | 预案启动能力 $X_{33}$ | 0.111 | 0.0222 |
| | | 分析决策能力 $X_{34}$ | 0.101 | 0.0202 |
| | | 贯彻政府指令能力 $X_{35}$ | 0.097 | 0.0194 |
| | | 师生的安抚能力 $X_{36}$ | 0.089 | 0.0178 |
| | | 动员师生能力 $X_{37}$ | 0.080 | 0.016 |
| | | 动态预案调整 $X_{38}$ | 0.076 | 0.0152 |
| | | 危机控制能力 $X_{39}$ | 0.067 | 0.0134 |
| | | 秩序维持能力 $X_{310}$ | 0.047 | 0.0094 |
| | | 物质和资金的调配 $X_{311}$ | 0.040 | 0.008 |
| | | 人力资源整合能力 $X_{312}$ | 0.031 | 0.0062 |

续表

| 一级指标 | 权重 | 二级指标 | 权重 | 综合权重 |
|---|---|---|---|---|
| 协调能力 $X_4$ | 0.27 | 信息收集传递能力 $X_{41}$ | 0.19 | 0.0513 |
| | | 与媒体的沟通协调能力 $X_{42}$ | 0.28 | 0.0756 |
| | | 与警方的沟通协调能力 $X_{43}$ | 0.17 | 0.0459 |
| | | 与政府的沟通协调能力 $X_{44}$ | 0.24 | 0.0648 |
| | | 应急联动能力 $X_{45}$ | 0.12 | 0.0324 |
| 控制能力 $X_5$ | 0.14 | 风险分析及隐患排查 $X_{51}$ | 0.19 | 0.0266 |
| | | 宣传教育、培训和演习 $X_{52}$ | 0.29 | 0.0406 |
| | | 事后问责及惩处 $X_{53}$ | 0.06 | 0.0084 |
| | | 保险和赔偿能力 $X_{54}$ | 0.10 | 0.014 |
| | | 事后评估及经验总结能力 $X_{55}$ | 0.13 | 0.0182 |
| | | 恢复整改能力 $X_{56}$ | 0.23 | 0.0322 |
| 物资保障能力 $X_6$ | 0.11 | 资源保障能力 $X_{61}$ | 0.17 | 0.0187 |
| | | 资金保障能力 $X_{62}$ | 0.12 | 0.0132 |
| | | 通信保障能力 $X_{63}$ | 0.11 | 0.0121 |
| | | 医疗保障能力 $X_{64}$ | 0.21 | 0.0231 |
| | | 信息系统保障能力 $X_{65}$ | 0.14 | 0.0154 |
| | | 工程防御保障能力 $X_{66}$ | 0.25 | 0.0275 |

## 5.4　多层次模糊综合评价模型

模糊综合评价起源于模糊集合理论，是 1965 年美国控制学专家 Zadeh 教授所提出的一种基于模糊数学的综合评标方法。模糊综合评价法根据模糊数学的隶属度理论把定性评价转化为定量评价，即用模糊数学对受到多种因素制约的事物或对象作出一个总体的评价。它具有结果清晰、系统性强的特点，能较好地解决模糊的、难以量化的问题，适合各种非确定性问题的解决。

模糊综合评价是在建立了权重的基础上建立模糊评价集。

首先，建立指标集 $U_{ij}$，$i$ 表示第 $i$ 个一级指标，$0<i<7$；$j$ 表示第 $i$ 个一级指标中第 $j$ 个二级指标。

第二，确定评价集 $V=\{$优秀，良好，中等，及格，不及格$\}$。

第三，建立隶属矩阵 $R$。即确定 $V$ 的隶属度。对单指标 $U_{ij}$ 的评判结果为：$R_{ij}=\{R_{ij1},R_{ij2},\cdots,R_{ijk}\}$。

第四，结合 5.3 中权重的确定值 $\omega_{ij}$，对 $U_i$ 进行综合评价，通过模糊变换将 $U_i$ 上的模糊向量 $A_i$ 变为 $V$ 上的模糊向量 $B_i$。$B_i$ 即为一级综合评价的结果，其计算公式为：

$$B_i=A_i\cdot R_i=(a_{i1},a_{i2},...,a_{im_i})\begin{Bmatrix} r_{i11} & r_{i21} & \cdots & r_{i1k} \\ r_{i21} & r_{i22} & \cdots & r_{i2k} \\ \vdots & \vdots & \vdots & \vdots \\ r_{im_i1} & r_{im_i2} & \cdots & r_{im_ik} \end{Bmatrix}$$

$$=(b_{i1},b_{i2},\cdots,b_{ik}),(i=1,2,\cdots,m)$$

第五，一级模糊是对 $U_i$ 进行了综合评价，二级模糊评价则是对集合 $U$ 进行综合评价。

$$R=\begin{Bmatrix} B_1 \\ B_2 \\ \vdots \\ B_m \end{Bmatrix}=\begin{Bmatrix} A_1\cdot R_1 \\ A_2\cdot R_2 \\ \vdots \\ A_m\cdot R_m \end{Bmatrix}$$

对 $U$ 进行综合评价，通过模糊变换将 $U$ 上的模糊向量 $A$ 变为 $V$ 上的模糊向量 $B$，$B$ 称为以 $V$ 为论域的模糊综合评判集，$b_p(p=1,2,\cdots,k)$ 称为模糊综合评判指标。$B$ 的计算公式为：

$$B = A \cdot R = (a_1, a_2, \cdots, a_m)\begin{Bmatrix} b_{11} & b_{12} & \cdots & b_{1k} \\ b_{21} & b_{22} & \cdots & b_{2k} \\ \vdots & \vdots & \vdots & \vdots \\ b_{m1} & b_{m2} & \cdots & b_{mk} \end{Bmatrix} = (b_1, b_2, \cdots, b_k)$$

采用加权平均法处理评判结果，就是以各个评价指标 $b_p(p=1,2,\cdots,k)$ 作为其对应的评价集中元素的权重，对其进行加权平均。

最后，量化该评价集，量化一般采用百分制，90—100 分之间定为优秀，80—90 之间定为良好，70—80 之间定为中等，60—70 之间定为及格，60 分以下定为不及格。

## 5.5　本章小结

对地方高校突发事件应急管理能力进行评价，是为了使地方高校清楚地了解自身的基本状况以及一些细节地方，针对自身应急管理的薄弱环节进行整改；为高校主管部门和政府部门掌握地方高校应急管理情况，进行科学决策提供依据。本章通过实地访谈和调研，查阅相关资料，听取专家对指标评价标准的想法和意见，确定各指标的评价标准，运用层次分析法构建了两两判断矩阵，并发放问卷对专家进行调研，对指标权重进行计算，通过一致性检验，计算各指标综合权重，再通过熵值修正权重，最后建立起多层次模糊综合评价模型，以便对要调查的地方高校进行综合评价。

# 6 地方高校突发事件应急管理策略

应急管理的所有研究，只有最终落实到改进应急管理策略，提高应急管理水平上来，才具有实践意义。本章以前文研究提出的突发事件类型、特征与成因机理和突发事件管理能力指标体系为依据，对地方高校突发事件应急管理策略进行了研究。研究中沿用前几章应用的内部、外部两个领域，学校、学生和外部条件三个层面的分析框架，针对地方高校突发事件应急管理策略中存在的问题，从地方高校与外部相关体及外部相关体的作为、地方高校内部应急策略两个方面，提出了改进应急管理策略的相关意见和建议。

## 6.1 地方高校与外部相关体的关系以及外部相关体的作为

地方高校是没有行政资源的学术性事业单位，但应对突发事件常常需要学术之外的行政权、强制权，需要高校之外的政府及其相关部门的及时介入，需要政府及其相关部门运用自己的法定权力提供信息及其他方面的帮助。但令人遗憾的是，由于体制及管理权限等因素限制，高校外的一些单位和个人往往由于不敢承担责任而错失应急管理的最佳时机，导致事件扩大化。随着地方高校突发事件越来越多，高校与政府、与新闻媒体、与警方等外部相关体的关系，就日益凸显出来。在前面的研究中，我们对此进行了分析。在第三章中，我们专门把应急管理策略失当作为重要的考虑因素，并把外部策略失当作为重要部分进行研究。在第四章地方高校突发事件应急管理能力指标体系中，尽管能力指标体系的主体是地方高校，但在指标设置中我们依然注意到成因分析中的外部因素的影响，在指挥能力中专门列出了贯彻政府指令能力，在协调能力 5 个二级指标中，专门列出与媒体、与警方、与政府及其他高校的协调能力 4 项指标。因此，在应急管理策略研究中，我们首先关注高校的外部因素。

### 6.1.1 政府应“有所作为”

由于政府与高校的责任、权限之间的差异，目前，政府和地方高校之间在突发事件的成因分析及应对策略方面，明显存在认识上的分歧，有时甚至会存在或明或暗的博弈。这里的政府既是指省级及其以下各级政府，也包括各级政府所属有关部门。在第三章第四节“地方高校突发事件成因分析”及第五节“地方高校突发事件应急管理策略失当”中，已经对此问题有所涉及。

从管理体制来看，尽管从法律上讲，地方高校是由省级政府直接管理的，但按照属地原则，自上而下，从地方高校所在地的省、市、区直至街道办各级政府以及各级政府的相应部门，甚至所在村、村民小组，都可以对地方高校发出指令或进行骚扰。按规定，街道办可以管理高校居委会，而无权指挥高校。但遇到“创卫”之类市区安排的活动,街道办管卫生的人员却往往到高校直接点名要求校级分管领导出面接待。这一类事件,使地方高校的办学自主权受到严峻的挑战,也严重地干扰了学校的正常教学科研生活秩序,有的直接埋下突发事件的隐患。

再比如,几乎所有地方高校新校区都建在城郊农村,有些学校新校区都投入使用近十年了,但学生生活区的围墙反反复复被周边村民推倒,至今还没有围上。之所以会出现这种情况,是周边农民在周围建了许多简易房,并在那里摆摊设点,设专门针对谈恋爱学生的钟点房等。有些学生遭遇人身伤害的案件就发生在这些钟点房中。而这些摊点往往卫生条件极差,许多都是没有卫生许可证的黑摊点,存在着发生公共卫生突发事件的现实危险,学生因此食物中毒的事件也屡见不鲜。更重要的是由于没有围墙,许多不法分子由此进入学生生活区,如入无人之境,学生宿舍失窃案件时有发生。学校对这种情况早已忍无可忍却又无能为力,通过正式非正式的各种渠道反映到省市政府部门,省市政府又将此类事件转交区级政府处理解决,区级政府又批转给街道办处理,结果都是不了了之。一些区、街道办的部门及工作人员就曾明确表示,你们把围墙扎好了,哪还有学生出来买东西?村民还怎么挣钱?可见地方政府不是不知道推倒围墙会导致学生安全之类的突发事件,只是出于狭隘的部门及地方保护主义,在地方高校突发事件与辖区农民利益发生冲突的时候,自觉不自觉地偏向了村民。其问题的本质在于地方高校属于省级政府直接管理的事业单位,其办得好坏甚至是否稳定与市级及以下政府没有直接关系,而地方辖区农民的摊点却直接关系到农民的收入提高,关系到自己辖区 GDP 的增长,从而关系到自己的政治经济利益。地方保护主义与地方高校安全稳定之间博弈的结果,往往会损害学校及学生的利益。

在针对地方高校突发事件应急管理策略上,政府与学校之间的博弈表现得更加突出。在地方高校发生突发事件的情况下,出于对由谁承担责任的考量,在获知地方高校突发事件的具体情况报告后,政府的反应首先是施压、责怪、抱怨,而不提出具体的应对策略或措施,怕承担责任;地方高校在面对突发事件时也怕承担负不起的责任,因此会期待政府给予引导和指示。相互等待观望,一方面有可能导致耽误了处理突发事件的最佳时机,从而使小事酿成大事;另一方面,地方高校在得不到政府的具体指示或指令后,往往会采取宁左勿右的态度,不是实事求是地采取相应措施,而是实行大大超过实际需要的应对策略和具体行为。例如,2003 年的“非典”期间,很多国家直属高校都不封校,而地方高校处于“过于”担心的状态,为了怕承担责任,在没有收到政府任何明确指令的情况下,有个别学校擅自选择封校一个学期。政府怕承担责任而观望,学校怕承担责任而措施过当。可见,政府的“不作为”会给地方高校在处理突发事件时带来很大困扰,会使地方高校选择不当的策略来应对突发事件。

另一个典型的事例是,2012 年发生的反日“钓鱼岛国有化”示威游行事件。当时内地多个城市爆发大规模反日示威,部分地方传出民众闯入破坏日资商店的事件。北京群众也上街游行抗议日本无理“购岛”行径,但示威者排着整齐的队伍,秩序井然,并未出现过激行为,就是由于警察和治安志愿者在现场维持秩序,对相关路段进行了交通管制,民警和交通协管员在路口执勤,禁止车辆通行。一些城市之所以有破坏的行为发生,都是由于相关主管机关的不作为,直等到有伤亡发生时才采取行动,但是为时已晚、酿成事端，无法控制，于是，相关主管机关又再一次选择不作为，形成了恶性循环。《中华人民共和国游行示威法》指出：公民行使集会、游行、示威的权利，各级人民政府应当予以保障；举行集会、游行、示威，必须依照本法规定向主管机关提出申请并获得许可；对于依法举行的集会、游行、示威，主管机关应当派出人民警察维持交通秩序和社会秩序，保障集会、游行、示威的顺利进行。可见，国家对集会、游行、示威的相关权责进行了十分清楚明确的界定，之所以还会出现不作为甚至作为过当，关键还是在于怕承担责任，或者相互推卸责任。

不敢承担责任还表现在，中央有时通报的维稳信息，提出的维稳要求，是根据全国总体局势得出的结论。但地方不管这种情况在本地是否会发生，为了不承担责任，往往半夜三更召集高校领导传达文件；高校领导为了不承担责任，不管本校是否有类似情况，又连夜赶回学校，召开会议，传达会议精神。从正面说，这种情况反映了我们的维稳渠道是畅通的；但认真分析，这种做法，某种程度上是在浪费干部的政治热情，是不负责任的。

导致这些问题的原因是多方面的，主要的一是中央八项规定中批评的慵懒作风，二是管理体制有待完善。全社会的维稳责任由公安系统牵头，而教育系统的稳定则由省级教育行政（或党务）部门负责，高校稳定的第一责任人是党政主要负责人。由于教育系统没有突发事件应对所需要的强制权、执法权，以及自上而下、自下而上严密的信息收集系统，当需要采取有关措施时，协调的困难非常大，难免会相互扯皮，贻误战机。

因此,在应对地方高校突发事件时,政府应该发挥其领导带头作用,克服慵懒之气,勇于承担责任,明确指令,正确引导地方高校统一有序行动。政府要做的不是拍桌子、找理由、发怨言,而是积极主动地了解详情,正确选择应急对策,并指导地方高校采取正确行动。只有这样才会使得地方高校肩上的担子减轻,不至于过度恐慌,也有助于地方高校维护校园秩序的正常运行。

要从根本上解决这些问题,还需要建立省级高校稳定工作领导协调小组,由负责教育工作的省委、省政府领导担任组长,由省级公安、宣传和教育行政等有关部门及有关高校主要负责人为成员,其主要职责是,定期不定期地研判稳定形势,提出维稳任务,直接领导全省高校重大突发事件的应急管理。

### 6.1.2 高校间联动机制的建立

目前,我国地方高校之间在应对突发事件时处于各自独立、孤军奋战、各自分散管理的状态,没有建立起有序、有组织的联动机制。在遇到抵制对抗类、舆情信息类突发事件时,由于责任重大,一些高校不但不互通信息,还画地为牢、相互封锁、闭关自守、各人自扫门前雪。在其他类突发事件发生时,因怕造成影响有失所谓面子,也会故意封锁消息。建立地方高校之间的应急联动机制,应该先从应对公共卫生类和自然灾害类等这些相对简单而又不牵涉重大责任的群体类突发事件入手,以达到互帮互助、共同决策、统一行动的目的。要建立地方高校之间的应急联动机制,主要从以下四方面进行:

首先,应急联动组织的建立。建立联动机制的第一步是建立应急联动指挥中心。某一地方高校可以选取临近的地方高校(如大学城内高校之间)，建立应急组织成立应急联动指挥中心，以保障在突发事件发生之后，迅速启动应急联动指挥中心，统一决策，统一与政府、媒体交流并统一口径，统一对突发事件进行处置。这样可以使各高校在制定决策时不会太过于焦虑，可以使决策更加适合突发事件的情况。即使在政府指令不明确的情况下，地方高校的应急联动组织也可以作出较好的决策，实现责任分担，各地方高校应急管理组织心理压力不会过大。

其次，应急物资的共享。地方高校之间可以通过应急联动的平台起到物资共享的作用。各地方高校在各自拥有一些基本物资的同时可以多储备某一物资，这样，各地方高校不需要全部充分地准备很多物资。各自为战，既耗费很大资金，也需要很大的存储空间。建立应急物资共享机制，在突发事件发生时，地方高校除在本校分配一些基本必需物资外，对于其他一些需要的物资就可以实现共享，以保证本校和邻近的高校都能有充足的物资保障，也提高了物资的利用效率。

再次，信息通道的建立。由于我国部门分割的行政体制，信息流动多以纵向垂直流动为主，校级之间横向共享与整合不够。许多地方高校出于自身利益的考虑，希望从其他高校获得信息，但又对自己学校的信息实行封锁，更不肯将本校发生的突发事件主动地通报给别的地方高校，这样严重阻碍了地方高校之间信息的沟通，妨碍了地方高校之间通过经验的学习交流来提高应对处理突发事件的能力。其实，信息共享的过程也是信息整合的过程，信息经过整合才能够发挥整体效应。单一信息往往说明不了问题，而多个单独信息的整合就能发现并凸显一定的问题。因此校际之间的信息渠道畅通就显得十分必要。信息通道的建立需要各高校放下架子，克服以邻为壑的错误想法，抱着彼此探讨、彼此学习、相互借鉴的态度，共同制定应对策略，共同预防突发事件。信息通道的建立可以避免一些突发事件的重复发生，另外，也可以使没有意识到突发事件危险的高校及时获得信息，做好预防工作。

最后，资料和经验的共享与学习。地方高校间应对突发事件的经验，不论成败与否，都值得各个高校学习并总结。地方高校信息、档案材料和经验的共享并不是为了曝光学校的突发事件，而是从具体事件中学习预防和处理突发事件的经验。当然，高校也可以以匿名的方式传递资料和经验，信息的共享和资料档案的共享可以提高地方高校应急管理的能力，促进地方高校之间关系的发展，增加地方高校对突发事件的共识。

除了地方高校之间自发地主动地建立联动机制外，省级教育行政部门牵头推动会取得更好的效果。省级教育行政部门可以按照就近原则，推动分片分区建立高校突发事件应对协调民间机构和组织。牵头单位可以由片区内高校轮流担任，日常协调机构可设在牵头高校内部，负责日常的突发事件信息交流和资料共享学习。当片区内高校一旦发生突发事件，可由牵头高校召集所在片区高校党政主要负责人召开联席会议，邀请省级教育行政部门主管稳定的领导参加，一起商量应对策略，协调应对步调，调动应急资源，启动联动协调机制。

### 6.1.3 引导媒体控制舆情

（1）政府及宣传主管部门要加强对新闻媒体的引导和管控

媒体具有传播信息的功能，也有引导公众对事物判断的功能。现代媒体除强调独立、客观与公正性之外，还具有即时性、直观性、扩散性、营利性等特点。由于高级知识分子群体的敏感复杂性，地方高校的每一个突发事件，都可能被宣传媒体传播放大，成为公众关注的焦点和社会热点。为此，2006年发布的《国务院关于全面加强应急管理工作的意见》中强调："加强对信息发布、新闻报道工作的组织协调和归口管理，周密安排、精心组织信息发布工作，充分发挥中央和省级主要新闻媒体的舆论引导作用。新闻单位要严格遵守国家有关法律法规和新闻宣传纪律，不断提高新闻报道水平，自觉维护改革发展稳定的大局。"[①]西方国家一贯标榜媒体是"社会公器""第四权力"，享有绝对的"新闻自由"。现在，新闻界一些人受这种思潮影响很深，盲目推崇西方新闻自由；一些媒体为了在激烈的市场竞争中寻找生存空间，不惜播发一些未经核实的虚假新闻制造轰动效应；还有一些媒体从业人员素质不高，专以猎奇、报道负面消息来吸引公众眼球；更加严重的是，现在社会上出现一些假记者，除报道一些虚假新闻外，并以上不上新闻相要挟向高校索要钱物，更给高校正确处理突发事件增加了困扰。政府及宣传主管部门要加强对地方高校突发事件新闻报道的归口管理，加强对新闻从业人员的思想政治教育，不断增强他们的责任意识、政治意识、大局意识，坚持真实、有序、有效原则，切实把好导向、把好关、把好度，切实为维护高校的稳定发展服务。

(2) 地方高校要加强与新闻媒体的有效沟通

有效地和媒体进行沟通对地方高校处理突发事件有很大的影响。舆情控制和媒体公关是地方高校在突发事件中最为复杂、困

---

① 新华网受权发布.国务院关于全面加强应急管理工作的意见[EB/OL].http://news.xinhuanet.com/newscenter/2006-07/06 /content_4803048.html,2006-07-06.

难的环节,也是突发事件成功处置的关键。媒体所发挥的“双刃剑”功用使得地方高校必须智慧地进行舆情控制和主动地媒体公关。舆情控制的目的一是为了控制信息,二是为了正确释放信息。地方高校在对舆情进行控制时,首先要做到对舆情信息进行分析并筛选,通过对突发事件的信息进行有效梳理,分析判断清楚对高校的利害,正确引导媒体作出正确的报道;其次,地方高校主动地媒体公关也可以利用媒体制止一些谣言,明确自身的态度,引导公众对高校有正面的看法,避免使媒体作出歪曲事实真相和猜测性的报道,使得地方高校的形象受影响,增大突发事件处理难度。

地方高校突发事件要实现引导媒体发布消息,就需要建立畅通的信息通道,主动和媒体进行沟通,争取引导媒体舆论,及时发布准确的信息,使公众舆论向正确的方向迈进,以维护地方高校的形象和声誉。当然,在引导媒体发布消息的过程中,地方高校与媒体沟通的相关人员要遵循尊重公众知情权、事件公布真实性、维护高校信誉、积极主动沟通等原则。此外,地方高校人员在应对媒体时,要争取话语的主动权,引导媒体发言,而不是任由媒体随意评论。话语权的掌握对地方高校处理突发事件有很大积极作用,要掌握话语权,就需要高校及时并积极主动发言,引导媒体和大众对高校有正面的视角。有了通畅的信息通道,遵循与媒体沟通的原则并掌握话语权,基本可以消除突发事件对大众的心理影响,缓解地方高校的压力,有利于地方高校集中精力处理事件本身。

(3) 建立健全高校新闻发言人制度

电子媒体、自媒体等现代媒体的发展给新闻传播带来革命性变化。大学生熟悉并常用的 BBS、博客、即时通信工具等非正式渠道进行的网络传播具有速度快、范围广的特点。社会心理学有一个定理叫“首因效应”,即在社会认知过程中,最先的印象对人的认知具有极其重要的影响。当地方高校发生突发事件时,如果校方刻意回避媒体,刻意封锁消息,只会使师生通过网络获得相关消息,那么这些非正式渠道获得的消息中难免会夹杂各种错误信息甚至谣言,从而产生难于控制的负面影响,给后续处理增加意料不到的难度。因此,地方高校要建立健全新闻发言人制度,一旦发生突发事件,校方要及时查明事件真相,新闻发言人第一时间要客观、准确、稳妥、有序地利用校园网或向新闻媒体发布有关事件的消息;对于一时难于查清真相的事件,也应该及时公布事件的基本事实及进展情况,控制舆论导向,消除不明真相的猜测和谣言,以免师生轻率相信非正式渠道传播的消息,为化解危机赢得时间及舆论支持。

在新闻发布中,客观准确是关键。那种希望掩盖事实的吞吞吐吐躲躲闪闪只能引起更大的猜测和不满,那种试图逃避责任的一味推卸的做法,只能加重危机,激化矛盾。实事求是地承担校方责任,会赢得公众的理解和信任,也可以避免网络围观和谩骂,有利于事件的后续处理。地方高校还要主动及时公布善后处理的信息。对于高校发生的重大突发事件,不但当事人,就连社会一般公众也对最终处理结果有着重要期待,善后消息的及时公布不但可以消除猜测和谣言,还有利于树立地方高校的正面形象。

## 6.2 地方高校内部应急策略

本书是以管理职能及保障平台来构建应急管理指标建体系的,指标提炼过程中,注意将突发事件应急管理的过程因素渗透于现实的管理基本职能之中。在应急策略研究中，除了按指标体系中内部应急管理能力和资源保障能力各一级指标提出意见建议外，还专门对建立全过程突发事件应对机制进行研究，以期与应急管理过程理论相照应。

### 6.2.1　应充分提供应急资源保障

对于地方高校而言，应急资源的储备多数都达不到突发事件发生时所需的物资要求，因此，除前面所提出的建立联动机制以使地方高校可以共享应急物资、减轻地方高校物资储备的压力外，还需要制定一些资源保障策略以使资源保障能力得以充分发挥。

首先，要加大资金投入。地方高校应逐步加大突发事件应急资金的投入。地方高校应急资金投入主要是为了增添基础保障设施、突发事件常用设备及器件，增加高校内部外部信息平台的建设费用，增加保险的投入以及为一些不可预见的突发事件储备应急资金。为了确保有足够的应急资金，地方高校应将突发事件应急管理资金列入常规预算项目，也可为校党委书记列支突发事件应急管理预备金；当然，突发事件发生后，高校应该合理分配并使用应急资金，以使物尽其用。

其次，要完善应急设施。地方高校应定期清点相关设施，不定期地购置必要的设施，对校园内设施的不完备之处要尽快完善。校园内的应急物资设施主要包括交通设施（例如，减速设备、地上标线等）、建筑安全设施（防水防火设施、抗震设施等）、校园监控设备（摄像头、警报器等）、通信设备（呼叫机、联络仪器等）、与校园外建立联动所需要的物资设施等。地方高校新校区投入使用以后，校内现代化设施日益健全，各种安防设施也有一些增加，但学生生活区、教学实验区的安全设施建设相对滞后,集人防、物防、技防于一体的校园治安防控体系尚未完全建立,电视监控系统、防盗报警系统、消防自动报警系统等技术防范系统的建立是高校的薄弱环节。除此之外,还要定期检查实验室及其他地方的易燃易爆设备,禁用违规设备。以目前地方高校的情况来看,应急设施无法得到充分保障,这就需要加大监控和检查频率,防患于未然,降低突发事件发生的概率。

再次,要重视应急物资设备的储备。中国人向来讲究居安思危、防患于未然,地方高校现在普遍只有一路电源,对备用电源、备用水源、帐篷、急救药品、器材等应急物资进行储备是必要的。突发事件发生后,地方高校应保证每个需要的人都能得到应急设备,这样才可以减小突发事件的不良后果,降低损失。一般而言,医疗救生设备是高校必备设备(例如氧气瓶、救护车、消毒水等),这是应急管理的基础。因此,在预防工作中应尽量将应急物资储备周全。

最后,地方高校之间为了建立联动,地方高校内部为了尽早辨识风险源,则需要建立突发事件应急信息的交流与共享平台和系统。地方高校内部建立信息系统是为了在事发前识别风险源,建立预警信息网络,降低、预防突发事件发生的概率;事发中及时与各界人士进行网络信息沟通,调用应急预案,处置突发事件等;事发后可以利用信息系统制定恢复策略、对事件进行备案、系统整理突发事件发生过程的相关事项等。高校间建立信息交流平台是为了互通有无、学习经验、联合应对突发事件。

### 6.2.2 应建立全过程突发事件应对机制

所有突发事件本质上都有一个从量变到质变的积累过程，都有逐步萌芽、发展，由潜藏到显性，再到逐步积聚的改变过程，最终是否发展成极端的表现形式，还有许多中间环节。现行的地方高校突发事件应对机制主要关注的是已经形成的突发事件的处理。其实，突发事件都有其产生、发展、形成、激化以及平息的全过程，已经形成的突发事件，只是突发事件整个过程中的一个阶段。当然，这个阶段是最容易造成社会影响的阶段，应对机制在这个方面下大力气有其现实必要性。但是，这种应对带有被动的性质，容易带来不利影响和破坏性后果。真正主动有效的应对方式应该把主要精力放在产生、发展而并未形成的阶段，放在突发事件的预警、预防上来。

(1) 将突发事件应对与日常管理有效衔接，是预警的关键，也是预防的最有效措施

有一些地方高校屈从于排名、升格等外在压力，只注重外在的所谓硬指标，而放松了日常管理这些软指标，致使学校内部管理混乱，在学生和教职工中集聚了一些不满情绪，埋下了突发事件的隐患。而一旦发生突发事件，由于平时管理跟不上，没有形成一支过硬的应急管理队伍，在应对上就显得忙乱而疲于应付。其实，只要日常管理做好了，就能够有效化解突发事件。比如只要学生食堂管好了，就能够减少因伙食问题导致的群体性事件；学生宿舍管好了，就能够防止学生失盗等损失。而且日常管理搞好了，有一支与师生员工有深厚感情的管理队伍，就有了下情上达的顺畅通道，师生员工中的一些不满情绪就能够及时被发现，被化解，无形地就把

突发事件应对的关口前移,也就自然形成了反应灵敏、运行高效的应对机制。

（2）探索地方高校重大决策社会稳定风险评估机制

在风险评估过程中,常用并比较成熟的是 HVC(Hazards,Vulnerability,Capacity)评估法,这种方法将可能导致突发事件的危险要素、地方高校的脆弱性和地方高校的承受能力综合起来加以考量。具体做法是先对可能导致突发事件的风险要素和地方高校脆弱性进行评估,并根据风险矩阵得出突发事件风险总体水平;再进行地方高校承受能力评估;最后将突发事件风险与承受能力进行比较,得出结论。

建立重大决策社会稳定风险评估机制是党的十八大提出的要求,地方高校也应当积极探索。首先,应确定风险评估的范围。要把与师生员工学习生活息息相关的项目,比如新校区建设、老校区改造、教职工住宅建设及分配、分配制度改革、津贴分配方案调整、人才培养方案调整、职称评聘条件等都应该纳入风险评估的范围,而且应该在试点的基础上,逐步使评估内容及方式方法进一步具体化、更具可操作性,而且应将评估范围由侧重于具体项目逐步拓展到政策决策,不断充实完善评估的范围和内容。

其次,要把社会稳定风险评估与现有决策程序有机结合。重大项目的风险评估要纳入项目可行性研究,重大决策的风险评估要作为决策的前置条件。要把评估事项的确定,评估方案的制定,听取意见的渠道,分析预测的方法,风险等级的评定,评估结果的运用,诸如此类的具体操作步骤,制度化、规范化、程序化,着重解决评估工作不规范、不深入、不细致的问题。其中关于风险等级的确定问题,要坚持定性与定量相结合的原则。对拟出台的重大决策，凡可通过问卷调查、网上投票、听证会、教代会等渠道量化反映的，要量化设置稳定风险参考系数；难于进行量化分析的，要通过合法性、合理性、可行性、可控性的指标进行综合评判，定性与定量相结合，准确确定风险等级。

最后，要把风险评估与贯彻群众路线、改变工作作风紧密结合，扩大师生员工的参与面。要完善群众参与机制，对拟出台的重大决策，要通过公示、问卷调查、实地走访和座谈会、听证会等多种方式，就决策事项听取直接利益相关群体、有特殊困难师生员工等方面的意见，最大限度地保障师生员工的参与面，最大限度地保障师生员工的知情权、建议权和监督权。要做好宣传工作。风险评估的过程，也是做师生员工工作的过程。从长远利益、根本利益来看，学校和师生员工是一致的，在风险评估的过程中广泛向师生员工宣传，取得师生员工的理解和支持，是风险评估成为充分发扬民主、凝聚群众共识的过程。在这一过程中，要认真对待师生员工的诉求，对多数人拥护的决策，要耐心细致地做好少数师生员工的工作，对少数人提出的问题和合理诉求，要认真研究，认真对待，认真解决；对确实存在困难的师生员工，要积极给予帮助；对不明情况的师生要耐心做好解释工作，最大限度地保障师生员工的利益。

（3）整合全校力量是有效应对的关键

突发事件的形成是各种矛盾交织的结果，往往呈现出“一果多因”或“一因多果”的态势。上面千条线，下面一根针。学校教学、学生、后勤、财务、图书甚至科研、学科等方面的政策，从各个部门来看都有其合理性，但相互纠结、叠加，共同作用到每一个师生员工身上，就可能显示出其不合理性甚至荒谬性。一些地方高校发展定位不明确，盲目贪大图全，就往往出现教职工疲于应付、忽视学生培养的局面。本来高等学校具有教学、科研、社会服务、文化创新与传承四大职能，是对高等学校整体而言的，除了研究型大学外，很少有高校能够同时具备四大职能的。但现在几乎所有高校特别是一些不具备条件的地方高校，盲目追求科研、学科建设、社会服务，并对教师实行量化的指标管理，致使教师把心思和精力全放在完成所谓的硬指标上来，无法全身心投入教学，引起学生的不满。这个问题看似学校的科研政策问题，其实直接带来教师精力投入问题，进而涉及学生培养质量问题，最终牵涉培养什么人、怎样培养人这样的大问题，牵涉如何全面准确贯彻教育方针的大问题。

在突发事件的处理上，同样需要整合全校力量。现在高校内部往往把牵涉到学生的突发事件简单地看成是学生管理部门的事，其实，学生是学校的，是辅导员的，也是教师的。教师既要教书，也要育人。教师由于其知识优势，在学生管理及思想教育上具备其他人不可替代的作用。要建立全员育人的机制，在处理学生突发事件时，要充分发挥教师的作用。也有一些高校把突发事件的应对看成是党委的事，从学校到院系的行政系统很少参与介入。其实突发事件处理不好，不但会影响学生的学习生活秩序，也会对学校教学、科研、学科建设等造成影响。所以，地方高校突发事件应急管理，不但是党委系统的事，也是行政系统的责任。而且一般而言，许多应急资源都是学校行政资源，学校行政系统不全身心投入应急管理，仅靠党委系统是远远不够的。因此，党政全力配合，是地方高校有效应对突发事件的关键。

### 6.2.3 地方高校内部应急管理能力的提升

关于地方高校应急管理能力，在本书4.3“指标的界定”中已经有详细的论述。这里，我们将针对地方高校的现实情况，就普遍存在的问题以及如何提升提出一些看法。

(1) 关于应急计划能力的提升

目前，地方高校的普遍现状是并未制定全备计划，仅存在一些零星的日常规范性文件和个别惩罚条例。如果地方高校要全面提升应急计划能力，就需要针对不同类型的突发事件制定相应的应急预案、全备的日常规范性文件、应急工作流程、惩罚条例和恢复的初步计划。应急计划制定得好，应急工作的开展就会有所依据、有章可循，就有了明确的目标和具体的步骤，可以协调组织行动，增强应急工作的主动性，减少盲目性，使应急工作有条不紊地进行。同时，将应急计划作为对应急工作处置情况和质量的考核标准，对组织有较强的约束和督促作用。

日常管理文件的修订，看似和应急管理能力提升无关，但现在的许多突发事件，都是因为学校日常管理文件中的漏洞或与新形势不相适应造成的。比如考试作弊的处理处分问题，比如学生能不能在校外租房住的问题，再比如在校学生谈恋爱及结婚问题。随着经济社会的快速发展，随着高等教育大众化的急剧推进，学生中出现了许多新问题和新情况，但许多地方高校没有根据新情况出台新的管理办法，还沿用过去的老规定，这就造成了学校与学生之间的冲突，有的稍有不慎，就会酿成突发事件。

当然，有一些规定不是地方高校本身制定也不是高校能够修订的。比如前一段网上热炒的大学生同命不同价的问题。国家规定大学生上学期间可以不转户口，这就出现很多农村户口的大学生尽管到大城市上学但户口仍然留在农村的现象；但同样是国家规定，意外死亡赔偿按户口所在地最低收入水平乘以适当年限来计算。由于我国城乡收入差别较大，这样就出现了农村户口的大学生意外死亡补偿费用低于同校城镇户口（或虽是农民子弟但却将户口转到大学）学生的情况。政策之间的矛盾导致问题处理中的技术问题，看似纯技术问题却可能被人看成公平平等之类的政治问题，从而造成蔓延到社会的公众问题、社会问题。

可见应急计划能力的提升不纯粹是应对危机的计划问题，而应该放到整个社会转型的大背景下来看待，在制订应急计划时，既要有一定的严肃性、强制性、硬性规定，也要考虑到现实发展变化情况赋予计划一定的弹性、可伸缩性。

（2）关于应急组织能力的提升

成立突发事件应急专门机构，是提升地方高校突发事件应急组织能力的关键。现在地方高校普遍没有突发事件应急专门机构，发生突发事件，学校的应对策略是由事件主管领导及部门出面应对。省上对各高校的要求也是高校党政主要领导是第一责任人。党政主要领导由于对全校的所有资源具有调动支配的全权，作为第一负责人是必要的，但党政一把手毕竟不是处理突发事件的专家，在应对突发事件时容易将突发事件当成行政事务或政治性事件来处理，而忽视了突发事件本身的成因及发展规律，难免有自己的局限。而主管部门及领导尽管清楚事件本身的来龙去脉，但也没有处理突发事件的专门知识和实践经验，加之能调动支配的人力和资源有限，往往容易贻误战机。地方高校突发事件应急专门机构应是一个常设机构，主要负责日常的突发事件协调处理。

在建立常设机构的同时,还要建立网格与网络相互配套的多元治理体系处理机制。这个网格体系的具体设想是,将地方高校的二级学院按照教学、科研、学生、后勤、人事等学校相关部门,划分为若干管理网格,吸收师生员工代表全面参与,运用在各个管理网格配备综合协调处理点的方法,将突发事件的预防及处理触角延伸到学校最基层。只有形成这种突发事件管理网格结构,并赋予其相应的自主权,才能避免管理中的死角和盲区,提升应急组织能力,才能做到早发现,早预警,早处置。

地方高校应急组织的现状是将应急责任分解到相应的部门,例如公共卫生事件就由校医院负责。但是这些职能部门所配人员基本上只能处理日常事务,并没有处理突发事件的能力。例如学校医院一般都人员编制少,平时只处理头疼脑热的小病,不但心理咨询医生缺乏,高质量医生也几乎没有,遇到需要紧急救治时只能送往邻近高校或地方较大的医院,职能及岗位配置欠佳,人员素质也比较低,要么是专科类院校毕业的护士,要么是年纪大的老医生,要么是学历低的年轻医生,整体素质达不到较高的水平。总体来看,突发事件应急队伍的建设,地方高校做得远远不够。因此,地方高校若要提高应急组织能力,需要增设相应的应急管理岗位,引进人才,对组织中成员举行定期不定期的应急培训,提高组织队伍的整体素质。

积极探索新校区学生管理新途径。现在地方高校学生都住在新校区,而新校区一般都没有建立教工住宅,即便为教职工提供住房也由于新校区离城市中心较远,生活不方便,教职工很少有人住。新校区八小时之外就只有学生与少量的辅导员,一旦发生突发事件,“及时发现,及早处理”就根本不可能。一些高校对此进行了一些探索,比如实行书院制。书院制管理是西方研究型大学为加强对本科生博雅教育而实行的一种管理体制,对于进行通识教育、全人教育起到了一定的积极作用。但书院制的精髓是教课的老师和学生一起学习,一起生活,以期使学生不但受到知识教育,而且受到老师日常行为的熏陶。如果仅仅将相同专业或低年级学生集中管理,而没有任课老师的参与,虽美其名曰书院制,其实只能是名不副实。

(3)关于应急指挥能力的提升

调查数据显示,地方高校应急指挥能力在上述六大一级指标评价中普遍是比较好的。突发事件发生之后,快速反应能力、分析决策能力、贯彻政府指令能力、师生安抚能力、危机控制能力、秩序维护能力等指标在实际调查过程中证实地方高校普遍做得都比较好。因此,应急指挥能力的提升主要体现在临时决策专家组成结构、预案启动能力、动员师生能力、动态预案调整、物资调配能力、人力资源整合能力几个方面,其中临时决策专家组成结构之所以需要提升是因为地方高校缺乏临时决策专家预案,也缺乏筛选好的临时专家备选人物;预案启动能力需要提升主要是因为应急预案不完备,因此,在这两方面若要得到提升,还需要地方高校制定完备的预案,做好详细计划。此外,动态预案的调整需要地方高校根据突发事件的演变情况及时作出判断并下发指令,在这方面的提升主要体现在组织的队伍建设方面,需要加强队伍建设。物资调配能力的提升主要体现在地方高校物资投入不足,没有建立起地方高校应急联动机制,人力资源整合能力的提升主要体现在组织中岗位配置不全、人员素质层次不一等方面,高校领导者即便整合了人力资源,但是组织中人力资源积极性不高、反应迟钝,这也是人力资源整合能力欠佳的表现之一。

双肩挑人员不能全身心投入管理容易被政府部门误解为应急指挥能力不强的表现。高校的学术性特征决定了,在地方高校中层甚至校级领导中有相当一部分是既担任行政职务又从事教学科研的双肩挑人员。这些人员是学术业务出身,学术考核是年终考核的主要内容,因此他们平时学术活动多,知识分子的特点比较突出,不像政府机关的干部,行政工作是考核他们的唯一指标。所以有时突发事件发生时,有部分双肩挑干部有可能出差在外从事学术活动,不能及时赶到现场。这种情况在系级领导及班主任中更加突出,这些人基本上是专任教师,系主任及班主任只是他们的兼职行为,虽然也有一定的考核指标要求,但称职不称职的衡量标准基本上只看他们的专业业务能力,这就造成学校对这些人员虽也有行政管理方面的要求(有些要求甚至是强制性的,比如晋升职务时的一票否决制),但基本上都流于形式。

面对这些问题,首先应当宽容地看待。高等学校毕竟不是行政单位,而实质上是学术场所,一定数量的双肩挑是一种正常现象,这是国内外无数实践所证明的。其次,只要把好任用选拔关并注意使用培养,这些人绝大多数都能在应对突发事件的过程中满足应急人员调动的要求;而且由于绝大多数双肩挑人员学术地位相对较高,在师生中享有较高的威信,拥有相当的学术权力,在处理突发事件时往往有着纯行政人员所不具备的有利条件。注意发挥这些人的作用,常常会事半功倍。再次,院系及教学、科研、学科等需要配备双肩挑人员的岗位,最好应该配备专职的行政副职,以减轻这些专家型领导平常的事务性工作,在遇到突发事件时,也能够及时弥补应急人员调动出现的空缺。最后,要探索一种使专家型的高校领导在任职期间能够全身心投入行政工作的制度。现在高校领导没到退休年龄就一直任职,所谓届期形同虚设,其实是变相的终身制。校际之间的交流由于专业限制而无法推行,在本校任职由于考虑到退休以后的退路对原有专业难于割舍。其实有相当一部分同志由于任职时间过长,达到了所谓的职业平台期,已经没有工作热情,想退出领导岗位又怕“丢人”。可以探讨这些同志退出领导岗位而能够享受同等待遇,对于想要再回教学科研岗位的同志,提供相应的专业进修或外出学习培训机会,使他们既能够体面地退出,也能够适当弥补因行政工作造成的业务损失,切实解决他们的后顾之忧。

(4) 关于应急协调能力的提升

应急协调能力的提升主要体现在地方高校应对外界各方的能力,主要提升能力的方面在 6.1 文中已经提出相应对策,此处不再赘述。对于信息收集传递能力,主要针对地方高校内部信息的扩散和传播情况而言。高校属于地理空间有限的人口集中区,由于此原因,高校领导者传递的信息理应做到快速准确,地方高校要提升其信息收集传递能力,则需要在信息收集方面提高准确度和速度。

这里着重强调的是,应加强对高校领导应急协调能力的培训。不排除有一些高校领导具有高超的应急协调能力,在对外交往中游刃有余。但应该承认,高校领导由于成长环境的局限,主要都是一些学术型领导,没有经过应急协调能力的锻炼,对外协调方面是他们的弱项。加之地方高校尽管级别不低,但既没有与外单位相互交换的行政资源,也不具备强制性的行政权力,因此在遇到突发事件需要与媒体、警方、政府有关部门协调问题的时候,就往往显得力不从心。因此,有关方面要注意对地方高校领导加强应急协调能力的培训,提高他们这方面的能力。同时,在遇到突发事件时,有关方面也应主动协调,改变工作作风,注意知识分子的特点,用民主协商的办法代替简单粗暴的行政命令。

(5) 关于应急控制能力的提升

应急控制能力的提升主要体现在教育培训与演习和风险分析及隐患排查的提升方面。地方高校在教育培训与演习方面是弱项,目前常见的教育模式是标语、展板的宣传,教育内容基本局限于安全用电、安全交通等方面,宣传力度不够,受众不够广泛,内容也不够全面;教育主体及方式仅局限于辅导员、班主任开会灌输,不可能做到使学生入耳、入脑、入心。培训方面,无论是对应急组织内人员还是对地方高校内部师生而言基本属于空白;校内人员缺乏基本的疏散、逃生、遇险处理方式知识,高校在演习方面也基本等于零。因此,地方高校需要加大宣传和培训力度、广度、深度;培训和仿真演习应该定期举行,培训、演习后需要交流总结;需要不定期进行实践演练,以测度校内人员的应急反应能力和灵活性。另外,地方高校应加强风险分析及隐患排查,建立固定职能部门,差派专员负责,建立值班制度和走动管理制度,完善信息传送机制,加强信息网络建设,形成定期检查、考核和报告的习惯。做好风险分析,及时排除隐患,营造和谐稳定的校园氛围,保证长治久安的高校校园秩序。

要提高保险意识。现在地方高校新校区普遍存在征地及建设手续不全问题,因此,十几亿甚至几十亿的新校区建设及教学实验设备,基本上都没有在保险公司办理保险业务,遇到地震、火灾等意外事故,其损失将不可估量而又没办法取得保险赔偿,这是地方高校管理上存在的一个漏洞,也大大降低了高校抵御意外事故类突发事件的应急控制能力,应该引起高度重视。

要提高恢复整改能力。现在各地方高校恢复整改方面存在的问题是,关注物质方面恢复多,对制度建立健全方面关注很少;关注看得见的损失多,对看不见的损失关注极少。比如对考试作弊等学术腐败类突发事件的应对,着眼于对当事人的校纪校规处理比较多,但对造成这种现象的学校规章制度的原因反思修订比较少。因此,地方高校要加强对突发事件的事后评估与经验总结,着重在完善制度、疏导心理等软功夫上进行恢复整改。

## 6.3 本章小结

根据本书前面指标体系的要求,地方高校突发事件应急管理能力应包括应急计划能力、应急组织能力、应急指挥能力、应急协调能力、应急控制能力、基础资源保障能力等方面。本章针对地方高校突发事件的特点及存在的问题,分别从高校对外应急管理和外部相关体应急行为、高校对内应急管理这样两个层面,提出了制定地方高校突发事件应急管理策略应当重视的有关建议和意见。

# 7 典型案例分析

本课题在严格意义上是一种应用研究。这项研究能否应用于现实之中,有没有实践价值?本章的实证研究就是检验能力评价能否实证、能否在实践中应用的问题。本章选取的样本——陕西省三所地方高校,都是20世纪末划转到省上来的。尽管其行业背景不同,原来主管部门不同,但划转十多年来,管理体制都经历了由部门管理到地方管理的转变过程,都经历了扩招,都经历了新校区建设,其高校排名大致相当,实力相近,学生数相差不多。如果前面建立的地方高校突发事件应急管理能力评价模型,能够对这三所区分度不是很高的地方高校应急管理水平进行诊断,得出的结果符合各自特点,具有较高的识别度,那就说明模型具有较高的应用价值。

## 7.1 案例描述

根据建立地方高校突发事件应急管理能力评价模型模型,选取陕西省A、B、C三所地方高校进行案例研究。

地方高校A,我国西部地区唯一一所以轻工为特色的多科性大学,是“十二五”期间陕西省重点建设的高水平大学,是陕西省人民政府与中国轻工业联合会、中国轻工集团公司共同建设的重点高校。占地面积2 003亩,现有两个校区,教职工1 700余人,其中专任教师1 100多人,具有高级专业技术职称的近600人;有全日制各类在校学生2.1万余人,其中博士、硕士研究生近1 800人。现有15个学院(部),有博士后科研流动站2个,博士学位授权一级学科2个、二级学科16个,硕士学位授权一级学科17个、二级学科66个,本科专业51个。有省部级重点学科6个,国家级、省部级重点实验室和工程技术研究中心16个,国家级、省部级重点研究基地2个,省哲学社会科学特色建设学科1个。学校坚持以人为本、德育为先、能力为重、全面发展的育人理念,大力推进文化传承创新,积极构建和谐校园。学校先后荣获"全国大学生心理咨询先进单位""陕西高等学校辅导员队伍建设先进单位""陕西省平安校园"等多项荣誉,2012年被陕西省委、陕西省人民政府授予"陕西省先进集体"称号。

地方高校B,占地面积108万平方米,现有两个校区,教职工1 900余人,专任教师1 100余人,教授、副教授400余人,教师中具有博硕士学位者900余人。全日制在校生2.2万余人。现有17个学院(部)。拥有安全科学与工程国家重点学科,7个省级重点一级学科,涵盖33个二级学科。拥有国家能源煤炭分质清洁转化重点实验室、国家煤炭工业采矿工程重点实验室(省部级)、西部煤矿安全教育部工程研究中心等11个省部级以上科研平台。现有5个博士后科研流动站,5个一级学科博士点,23个二级学科博士点,19个一级学科硕士点,73个二级学科硕士点,17个工程硕士培养领域和1个工商管理硕士(MBA)专业学位授权点,54个本科专业,形成了以地矿及其相关学科为特色,以工科为主体办学格局,“十一五”以来,该校承担科研项目 3 188 项,其中国家重大科技专项课题、“973”“863”、国家科技支撑计划、国家自然科学基金以及国家社科基金等国家级项目 115 项;科研经费总额 7.32 亿元;获国家科技进步奖 4 项,省部级科技成果奖 110 项;获准专利 248 项。学校先后荣获陕西省“文明校园”“平安校园”、西安市“园林化单位”称号。

地方高校 C,是陕西省人民政府和中国三大石油公司共建院校。占地2 207.15亩,现有两个校区。有教职工 1 600 余人,其中专任教师 1 000 余人,有教授、副教授 500 余人;有博士生导师、硕士生导师 300 余人;具有博士和硕士学位的教师 660 余人。全日制在校生 2.2 万余人。拥有 1 个联合培养博士学位授权学科、14 个硕士学位授权一级学科及 56 个二级学科,3 个硕士专业学位授权类别、13 个专业学位授权点(含 11 个工程硕士授权领域),其中“石油与天然气工程领域”在 2010 年获“全国工程硕士研究生教育特色工程领域”荣誉称号。被陕西省人民政府授予“校园文化示范点”称号;被教育部授予“全国教育纪检监察先进集体”称号;被陕西省委、陕西省人民政府授予“省级文明校园”称号;学校党委被省委教育工委授予“陕西高等学校先进基层党委”称号;学校被陕西省委宣传部授予“全省理论学习先进单位”称号;学校党委被陕西省委授予“全省先进基层党组织”称号,学校被陕西省综治办、教育厅、公安厅授予陕西省“平安校园”称号;学校被省委教育工委、省教育厅评为全省教育系统 2012 年度宣传思想和精神文明建设工作先进集体。

## 7.2 案例分析与主要启示

根据建立的地方高校突发事件应急管理能力评价模型,案例分析研究按照评价模型中指标属性的不同(如表5.7所示),对定量指标和定性指标分别采用实地访谈法和问卷调查法(如表7.1所示)测量。问卷调查的主要目的是通过对A、B和C三所地方高校师生进行问卷调查,从计划、组织、指挥、协调、控制和物质保障能力方面评价其所在学校的突发事件应急管理能力。问卷分为三大部分:第一部分是被调查者个人的基本信息,即性别、年龄;第二部分是标准说明,以便为问卷的填写者对各因素的打分提供指引;第三部分是打分,要求被调查对象对各个项目进行分析,客观给出评价。问卷调查表详细内容如附录3所示。

(1)研究设计

在代表性、可测量性、客观性原则的指导下,数据主要采集自A、B、C三所高校的师生。数据的收集过程是在三所高校人事处、研究生处、教务处的支持与配合下完成的,每所高校共选取教工150名(包括专职教师50名、行政管理人员50名和后勤人员50名),在校本科生25名,研究生25名。调查之前,先由笔者和上述部门相关人员一同随机挑选调查对象,按照该标准,在3家高校共确定600名师生作为调查对象。问卷调查(详见附录4)采用现场发放、限定期限回收的形式,问卷填完后,由填写者将问卷封入信封,并直接将问卷交给笔者或由各个高校的对口部门集中收回并交给笔者。经过与三所高校人事处、研究生处、教务处的反复沟通(其中包含了多次的催收),最终回收了577份问卷(其中A

高校 198 份、B 高校 185 份、C 高校 194 份），回收率为 96.17%。对回收的问卷进行再次筛选，凡选填不符合要求的视为无效问卷，实际有效问卷 527 份（其中 A 高校 178 份、B 高校 173 份、C 高校 176 份），总有效回收率为 87.83%（A 高校 89.00%、B 高校 86.50%、C 高校 88.00%）。以下的数据分析中，全部采用 527 作为实际样本容量。

**表 7.1　地方高校突发事件应急管理能力指标及测度方法**

| | 指标 | 调查方法 |
|---|---|---|
| 计划能力 | 应急预案制定 | 实地访谈 |
| | 日常规范性文件的制定 | 问卷调查 |
| | 应急工作流程的制定 | 问卷调查 |
| | 惩罚条例的制定 | 问卷调查 |
| | 恢复计划建立 | 问卷调查 |
| 组织能力 | 职能及岗位配置 | 问卷调查 |
| | 人员素质 | 问卷调查 |
| | 队伍建设 | 问卷调查 |
| 指挥能力 | 临时决策专家组成结构 | 问卷调查 |
| | 快速反应能力 | 实地访谈 |
| | 预案启动能力 | 实地访谈 |
| | 分析决策能力 | 实地访谈 |
| | 贯彻政府指令能力 | 问卷调查 |
| | 师生的安抚能力 | 问卷调查 |
| | 动员师生能力 | 实地访谈 |
| | 动态预案调整 | 问卷调查 |
| | 危机控制能力 | 问卷调查 |
| | 秩序维持能力 | 问卷调查 |
| | 物质和资金的调配 | 问卷调查 |
| | 人力资源整合能力 | 问卷调查 |
| 协调能力 | 信息收集传递能力 | 问卷调查 |
| | 与媒体的沟通协调能力 | 问卷调查 |
| | 与警方的沟通协调能力 | 问卷调查 |
| | 与政府的沟通协调能力 | 问卷调查 |
| | 应急联动能力 | 实地访谈 |
| 控制能力 | 风险分析及隐患排查 | 问卷调查 |
| | 宣传教育、培训和演习 | 实地访谈 |
| | 事后问责及惩处 | 问卷调查 |
| | 保险和赔偿能力 | 问卷调查 |
| | 事后评估及经验总结 | 问卷调查 |
| | 恢复整改能力 | 问卷调查 |
| 物资保障能力 | 资源保障能力 | 问卷调查 |
| | 资金保障能力 | 问卷调查 |
| | 通信保障能力 | 问卷调查 |
| | 医疗保障能力 | 问卷调查 |
| | 信息系统保障能力 | 问卷调查 |
| | 工程防御保障能力 | 问卷调查 |

（2）数据信度和效度分析

首先对问卷收集的数据进行信度和效度分析。采用Cronbachα系数作为信度检验标准，经过计算，三所高校Cronbachα系数均在0.78以上，表明问卷具有较好的内部一致性，问卷信度可以接受。效度检验采用探索性因子分析法，经过计算，各测量变量的因子负荷量均在0.6以上，因此，本研究问卷的结构效度可以接受。

（3）三所高校突发事件应急能力评价

按照第五章构建的地方高校突发事件应急管理能力评价模型，采用二层次模糊评价法对A、B、C各高校应急管理能力进行评价。

以A地方高校为例。

第一步，评价指标集。根据图4.5，将因素集$X$按其属性分成6个子集$\{X_1,X_2,X_3,X_4,X_5,X_6\}$；

第二步，评价指标的评价集$V$={优秀，良好，中等，及格，不及格}

第三步，评价指标权重集。根据表5.10，可得：

$A_1=\{0.32,0.21,0.20,0.18,0.09\}$；

$A_2=\{0.39,0.36,0.25\}$；

$A_3=\{0.132,0.129,0.111,0.107,0.097,0.089,0.080,0.076,0.067,0.047,0.040,0.031\}$；

$A_4=\{0.19,0.28,0.17,0.24,0.12\}$；

$A_5=\{0.19,0.29,0.06,0.10,0.13,0.23\}$；

$A_6=\{0.17,0.12,0.11,0.21,0.14,0.25\}$；

$A=\{0.13,0.15,0.20,0.27,0.14,0.11\}$.

第四步，模糊判断矩阵。

将收集的A高校某专职教师、行政管理人员、后勤人员、本科生和研究生突发事件应急管理能力调查问卷数据进行统计，以某专任教师打分结果为例（如表7.2所示）。

**表7.2 A高校某专职教师突发事件应急管理能力打分统计表**

| 一级指标 | 二级指标 | 打分 |
|---|---|---|
| 计划能力 | 应急预案制定 | 4 |
| | 日常规范性文件的制定 | 4 |
| | 应急工作流程的制定 | 5 |
| | 惩罚条例的制定 | 3 |
| | 恢复计划建立 | 2 |
| 组织能力 | 职能及岗位配置 | 2 |
| | 人员素质 | 4 |
| | 队伍建设 | 2 |
| 指挥能力 | 临时决策专家组成结构 | 3 |
| | 快速反应能力 | 3 |
| | 预案启动能力 | 5 |
| | 分析决策能力 | 3 |
| | 贯彻政府指令能力 | 5 |
| | 师生的安抚能力 | 3 |
| | 动员师生能力 | 2 |
| | 动态预案调整 | 2 |
| | 危机控制能力 | 3 |
| | 秩序维持能力 | 3 |
| | 物质和资金的调配 | 2 |
| | 人力资源整合能力 | 1 |
| 协调能力 | 信息收集传递能力 | 3 |
| | 与媒体的沟通协调能力 | 3 |
| | 与警方的沟通协调能力 | 3 |
| | 与政府的沟通协调能力 | 1 |
| | 应急联动能力 | 2 |
| 控制能力 | 风险分析及隐患排查 | 3 |
| | 宣传教育、培训和演习 | 2 |
| | 事后问责及惩处 | 4 |
| | 保险和赔偿能力 | 2 |
| | 事后评估及经验总结能力 | 2 |
| | 恢复整改能力 | 3 |
| 物资保障能力 | 资源保障能力 | 2 |
| | 资金保障能力 | 2 |
| | 通信保障能力 | 3 |
| | 医疗保障能力 | 2 |
| | 信息系统保障能力 | 3 |
| | 工程防御保障能力 | 3 |

以此类推，统计收集的A地方高校全部问卷调查表。按上述评价指标体系的标准分值及评价集对A高校突发事件应急管理能力各个指标进行评判，得到以下模糊评判矩阵：

$$R_1=\begin{bmatrix}0.09 & 0.30 & 0.41 & 0.18 & 0.02\\ 0.04 & 0.02 & 0.50 & 0.39 & 0.05\\ 0.05 & 0.25 & 0.57 & 0.10 & 0.03\\ 0.15 & 0.36 & 0.30 & 0.15 & 0.04\\ 0.02 & 0.15 & 0.45 & 0.30 & 0.08\end{bmatrix}$$

$$R_2=\begin{bmatrix}0.10 & 0.45 & 0.37 & 0.05 & 0.03\\ 0.07 & 0.35 & 0.35 & 0.21 & 0.02\\ 0.05 & 0.65 & 0.16 & 0.10 & 0.04\end{bmatrix}$$

$$R_3=\begin{bmatrix}0.34 & 0.37 & 0.27 & 0.01 & 0.01\\ 0.29 & 0.33 & 0.24 & 0.14 & 0.01\\ 0.17 & 0.64 & 0.18 & 0.01 & 0.01\\ 0.35 & 0.33 & 0.19 & 0.07 & 0.06\\ 0.35 & 0.32 & 0.22 & 0.10 & 0.01\\ 0.37 & 0.33 & 0.23 & 0.05 & 0.02\\ 0.29 & 0.25 & 0.28 & 0.15 & 0.03\\ 0.34 & 0.46 & 0.14 & 0.02 & 0.04\\ 0.24 & 0.37 & 0.22 & 0.14 & 0.03\\ 0.14 & 0.25 & 0.40 & 0.13 & 0.08\\ 0.25 & 0.32 & 0.25 & 0.08 & 0.10\\ 0.30 & 0.47 & 0.10 & 0.10 & 0.03\end{bmatrix}$$

$$R_4=\begin{bmatrix}0.21 & 0.38 & 0.23 & 0.12 & 0.06\\0.19 & 0.39 & 0.26 & 0.04 & 0.12\\0.15 & 0.32 & 0.35 & 0.12 & 0.06\\0.27 & 0.35 & 0.24 & 0.12 & 0.02\\0.30 & 0.37 & 0.22 & 0.08 & 0.03\end{bmatrix}$$

$$R_5=\begin{bmatrix}0.21 & 0.32 & 0.24 & 0.13 & 0.10\\0.26 & 0.37 & 0.22 & 0.14 & 0.01\\0.28 & 0.24 & 0.31 & 0.09 & 0.08\\0.21 & 0.41 & 0.15 & 0.17 & 0.06\\0.19 & 0.37 & 0.21 & 0.16 & 0.07\\0.16 & 0.41 & 0.26 & 0.13 & 0.04\end{bmatrix}$$

$$R_6=\begin{bmatrix}0.25 & 0.25 & 0.20 & 0.15 & 0.15\\0.28 & 0.31 & 0.23 & 0.17 & 0.01\\0.31 & 0.23 & 0.29 & 0.14 & 0.03\\0.27 & 0.41 & 0.21 & 0.07 & 0.04\\0.29 & 0.31 & 0.24 & 0.11 & 0.05\\0.19 & 0.42 & 0.19 & 0.18 & 0.02\end{bmatrix}$$

由此，可以得到一级综合评价：

$$B_1=A_1\times R_1=(0.08\quad 0.23\quad 0.44\quad 0.21\quad 0.04)$$

$$B_2=A_2\times R_2=(0.08\quad 0.46\quad 0.31\quad 0.12\quad 0.03)$$

$$B_3=A_3\times R_3=(0.29\quad 0.38\quad 0.23\quad 0.08\quad 0.03)$$

$$B_4=A_4\times R_4=(0.22\quad 0.36\quad 0.26\quad 0.09\quad 0.06)$$

$$B_5=A_5\times R_5=(0.21\quad 0.37\quad 0.23\quad 0.14\quad 0.05)$$

$$B_6=A_6\times R_6=(0.26\quad 0.34\quad 0.22\quad 0.14\quad 0.05)$$

将上述评价向量作为上层指标评价矩阵，得出二级综合评价：

$B_{A高校}=A\times R=(0.20 \quad 0.36 \quad 0.28 \quad 0.12 \quad 0.04)$

根据最大隶属度原则，说明该地方高校突发事件应急管理能力属于良好水平。

同理，可以得出 B 和 C 高校突发事件应急管理能力的评价结果：

$B_{B高校}=A\times R=(0.11 \quad 0.18 \quad 0.24 \quad 0.37 \quad 0.10)$

$B_{C高校}=A\times R=(0.09 \quad 0.17 \quad 0.21 \quad 0.32 \quad 0.21)$

B 和 C 高校属于中等水平。

为评出三个地方高校对突发事件应急管理能力的高低，在对应的评价集中，赋予各评语具体分数，利用公式：

$$W_P = \sum_{k=1}^{m} b_{pk} y_k$$

$p=A$ 高校，$B$ 高校，$C$ 高校；

$m=5$；$y_k=$（优秀分数，良好分数，中等分数，及格分数，不及格分数）

可得，$W_{A高校}=81.23$，$W_{B高校}=73.35$，$W_{C高校}=70.50$

因此，根据第 5 章建立的地方高校突发事件应急管理能力评价标准：当最终评价结果在 90—100（含 90）分之间，认为该校突发事件应急管理能力为优秀；评价结果在 80—90（含 80）分之间，认为该校突发事件应急管理能力为良好；评价结果在 70—80（含 70）分之间，认为该校突发事件应急管理能力为中等；评价结果在 60—70（含 60）分之间，认为该校突发事件应急管理能力为及格；评价结果在 60 分以下，认为该校突发事件应急管理能力为不及格。因此，A 高校、B 高校和 C 高校突发事件应急管理能力最终结果为良好、中等、中等。

从上述评价结果可以看出，陕西地方高校的突发事件应急管理能力总体水平一般。究其原因，主要在于评价模型中三所高校的风险分析及隐患排查、宣传教育、培训和演习、信息收集传递能力、应急联动能力、预案启动能力、信息系统保障能力等方面得分较低，影响了总体分值。鉴于此，在以后的高校突发事件应急管理工作中，首先，地方政府应该加大对地方高校应急资金、政策的投入，帮助地方高校解决应急资源储备和应急信息平台建设资金方面的问题；其次，高校应该重视和大力加强对突发事件的应急模拟及演习，积极建立长效的应急人员培训机制；最后，地方政府和高校应该共同做好对突发事件的信息预警工作，对可能的突发事件进行准确预测并科学地评估其对高校和社会的影响程度，依据事态的发展做好动态评估，并以此为依据，制定合理、有效的政策措施，有效地提高地方高校突发事件的应急管理能力。

## 7.3 本章小结

结合地方高校突发事件应急管理能力评价模型，选取三所典型地方高校 A、B、C，对其应急管理能力进行案例分析。

通过问卷调查收集大量的数据，经过统计分析，运用多层次模糊评价法，得出三个典型高校应急能力的总体水平及高低排序，发现三所地方高校在风险分析及隐患排查、宣传教育、培训和演习、信息收集传递能力、应急联动能力、预案启动能力、信息系统保障能力等方面存在一定问题。

提出了三所高校未来在突发事件应急管理方面需要注意的问题。

# 8 结论与展望

## 8.1 主要结论

在对国内外突发事件应急管理文献研究的基础上，本书研究梳理了地方高校突发事件的类型、特征，分析了其成因，以此为基础建立了地方高校应急管理能力评价指标体系模型，并进行了实证研究，提出了地方高校突发事件应急管理策略。主要结论如下：

（1）探讨了地方高校突发事件应急管理能力研究的基础理论。界定了地方高校突发事件、地方高校突发事件应急管理、地方高校突发事件应急管理能力的概念；参照多篇文献及国家对突发事件的标准划分，从突发事件性质及可能诱发原因的角度对地方高校突发事件的类型进行了详细划分；根据地方高校的现状及其相关的研究，总结提炼出了地方高校突发事件的特征；详细分析了地方高校突发事件的成因，探究了地方高校突发事件的形成机理。

（2）构建了地方高校突发事件应急管理能力指标体系。以地方高校突发事件发生前后的组织职能及保障平台为依据，构建了以地方高校突发事件应急管理能力为评价对象的指标评价体系，其中一级指标6个，分别为应急计划能力、应急组织能力、应急指挥能力、应急协调能力、应急控制能力和资源保障能力；6个一级指标又细分为37个二级指标，对37个二级指标进行了详细界定，最终形成地方高校应急管理能力评价的指标体系；根据地方高校突发事件的分类，针对每一类突发事件分析了应急管理内容的侧重点；实证检验了构建的指标体系模型，设计地方高校突发事件应急管理能力指标体系的调查问卷，通过小样本测试，发现问卷的信度效度较高，可以进行大规模调查；进而大规模的发放问卷，收集数据，通过因子分析法说明37个二级指标均能被所提出的一级指标所解释，通过相关性分析表明二级指标中的各因素相关性都比较弱，结果表明所构建的指标体系通过了验证。

（3）构建了地方高校突发事件应急管理能力评价模型。通过实地访谈和调研，查阅相关资料，听取专家对指标度量的想法和意见，确定了地方高校突发事件应急管理能力各指标变量的度量标准；运用层次分析法，通过构建两两判断矩阵，通过发放问卷对专家进行调研，得出指标权重，计算结果表明指标体系通过了一致性检验；再通过熵值修正权重；最后建立多层次模糊综合评价模型，以便对要调查的地方高校进行综合评价。

（4）提出了地方高校突发事件应急管理策略。从地方高校与外部相关体的关系以及外部相关体的作为方面，提出了政府应有所作为，要建立高校间联动机制，引导媒体控制舆情等对策；从地方高校内部应急管理方面，提出了应充分提供应急资源保障，建立全过程突发事件应对机制，要分别从计划、组织、指挥、协调、控制五方面提升应急管理能力的对策，对现实具有一定的指导意义。

（5）结合地方高校突发事件应急管理能力评价模型，选取三所典型地方高校，对其应急管理能力进行了案例分析。通过问卷调查收集大量的数据，经过统计分析，运用多层次模糊评价法，得出三个典型高校应急能力的总体水平及高低排序，发现三所地方高校在风险分析及隐患排查、宣传教育、培训和演习、信息收集传递能力、应急联动能力、预案启动能力、信息系统保障能力等方面需要改进；据此，提出了三所高校未来在突发事件应急管理方面需要注意的共同问题。

## 8.2 展　　望

地方高校突发事件应急管理是一个比较新的研究领域，以上结论表明，对地方高校的突发事件应急管理能力的研究无论在理论上还是现实上，都具有重要意义。但是此项研究仍有一些难点需要进一步研究：

（1）实证评估每一类地方高校突发事件应急管理能力指标；

（2）对地方高校应急管理的绩效展开研究，一方面切实有效地加强应急管理能力，另一方面研究如何使这种能力在实战中产生高绩效；

（3）加强地方高校突发事件分类风险减缓、降低、预测研究，使突发事件管理工作产生更加显著的绩效，最大限度地减少各种突发事件的危害，使得对策更加具体可行，更具可操作性。

# 附录

## 附　录　1

**问卷编号：**

## 各类型高校突发事件应急管理能力指标调查问卷

尊敬的女士/先生 ：

感谢您抽出宝贵时间参与我们的调查。本调查是关于地方高校对于突发事件的应急能力的专题研究，您的回答将有助于高校更好地衡量自身的应急管理能力并改进。您对问卷的所有答案都是匿名的，回答没有对错之分，问卷结果只用于统计分析，对您的个人资料，我们根据《中华人民共和国统计法》予以保密，问卷回答不会对您个人产生任何不良影响。

衷心感谢您的参与！

**一、个人信息**（请在符合的选项后划“√”，没有选项的请作答）

(1) 您的性别：① 男　② 女

(2) 您的年龄范围：① 30 以下　② 30—40　③ 40—50

④ 50以上

(3) 您所在单位:① 高校 ② 政府 ③ 其他

(4) 您的职业:① 高校管理者 ② 政府领导 ③ 高校职工 ④ 其他

(5) 您的受教育程度:① 大专及以下 ② 本科 ③ 硕士 ④ 博士及以上

**二、主题信息**(请您根据您的理解回答以下问题,请把您认为指标类型对应的最合适的指标打√)

说明:A——自然灾害类;$B_1$——心理健康类;$B_2$——重大交通事故及意外事故类;$B_3$——暴力犯罪和治安案件类;$B_4$——教学管理类;C——公共卫生类;D——抵制对抗类;$E_1$——网络管理类;$E_2$——监督政府、爱国情绪和谣言类。

| **应急计划能力** | A | $B_1$ | $B_2$ | $B_3$ | $B_4$ | C | D | $E_1$ | $E_2$ |
|---|---|---|---|---|---|---|---|---|---|
| 应急预案制定 | | | | | | | | | |
| 应对规范性文件的制定 | | | | | | | | | |
| 恢复计划建立 | | | | | | | | | |
| 应急工作流程的制定 | | | | | | | | | |
| 惩罚条例的制定 | | | | | | | | | |
| **应急组织能力** | A | $B_1$ | $B_2$ | $B_3$ | $B_4$ | C | D | $E_1$ | $E_2$ |
| 职能及岗位配置 | | | | | | | | | |
| 人员素质 | | | | | | | | | |
| 队伍建设 | | | | | | | | | |
| **应急指挥能力** | A | $B_1$ | $B_2$ | $B_3$ | $B_4$ | C | D | $E_1$ | $E_2$ |
| 决策专家组成结构 | | | | | | | | | |
| 快速反应能力 | | | | | | | | | |
| 分析决策能力 | | | | | | | | | |

续表

| | | | | | | | | | |
|---|---|---|---|---|---|---|---|---|---|
| 预案启动能力 | | | | | | | | | |
| 救援队伍组织能力 | | | | | | | | | |
| 救援能力 | | | | | | | | | |
| 决策效果 | | | | | | | | | |
| 贯彻政府指令能力 | | | | | | | | | |
| 师生的安抚能力 | | | | | | | | | |
| 秩序维持能力 | | | | | | | | | |
| 危机控制能力 | | | | | | | | | |
| 临时资源调配 | | | | | | | | | |
| 动态预案调整 | | | | | | | | | |
| 事件处置能力 | | | | | | | | | |
| 人力资源整合能力 | | | | | | | | | |
| 资金调动使用能力 | | | | | | | | | |
| 平战结合能力 | | | | | | | | | |
| **应急协调能力** | A | $B_1$ | $B_2$ | $B_3$ | $B_4$ | C | D | $E_1$ | $E_2$ |
| 信息收集传递能力 | | | | | | | | | |
| 与媒体沟通协调能力 | | | | | | | | | |
| 使周围人员配合的能力 | | | | | | | | | |
| 与警方的沟通协调能力 | | | | | | | | | |
| 与政府沟通协调能力 | | | | | | | | | |
| 应急联动能力 | | | | | | | | | |
| **应急控制能力** | A | $B_1$ | $B_2$ | $B_3$ | $B_4$ | C | D | $E_1$ | $E_2$ |
| 风险分析及隐患排查 | | | | | | | | | |
| 预防能力 | | | | | | | | | |
| 对问题人员的备案及监测 | | | | | | | | | |
| 定期心理检测 | | | | | | | | | |
| 医疗及心理辅导能力 | | | | | | | | | |

续表

| | | | | | | | | | |
|---|---|---|---|---|---|---|---|---|---|
| 宣传及教育 | | | | | | | | | |
| 培训和演习 | | | | | | | | | |
| 保险处理能力 | | | | | | | | | |
| 赔偿能力 | | | | | | | | | |
| 恢复能力 | | | | | | | | | |
| 事后评估 | | | | | | | | | |
| 整改能力 | | | | | | | | | |
| 医疗能力 | | | | | | | | | |
| 决策效果 | | | | | | | | | |
| 经验总结能力 | | | | | | | | | |
| 自我保护意识的培养 | | | | | | | | | |
| 保卫处的实战能力 | | | | | | | | | |
| 惩罚和处分 | | | | | | | | | |
| 事后问责 | | | | | | | | | |
| 监测能力 | | | | | | | | | |
| 物资故障能力 | A | $B_1$ | $B_2$ | $B_3$ | $B_4$ | C | D | $E_1$ | $E_2$ |
| 技术保障能力 | | | | | | | | | |
| 医疗保障能力 | | | | | | | | | |
| 资金保障能力 | | | | | | | | | |
| 安全设施的监测 | | | | | | | | | |
| 通信保障能力 | | | | | | | | | |
| 资源保障能力 | | | | | | | | | |
| 信息系统保障能力 | | | | | | | | | |
| 工程防御保障能力 | | | | | | | | | |

# 附　录　2

**问卷编号：**

## 地方高校突发事件应急管理能力调查问卷

尊敬的女士/先生：

感谢您抽出宝贵时间参与我们的调查。本调查是关于地方高校对于突发事件的应急能力的专题研究，您的回答将有助于高校更好的衡量自身的应急管理能力并改进。您对问卷的所有答案都是匿名的，回答没有对错之分，问卷结果只用于统计分析，对您的个人资料，我们根据《中华人民共和国统计法》予以保密，问卷回答不会对您个人产生任何不良影响。

接下来麻烦您抽出几分钟的时间回答问题，请认真作答，在问卷中反映您真实的看法，为了统计分析，请勿遗漏。衷心感谢您的参与！

**一、个人信息**（请在符合的选项后划“√”，没有选项的请作答）

（1）您的性别：① 男　② 女

（2）您的年龄范围：① 20以下　② 20—25　③ 26—30　④ 31—45⑤ 45以上

（3）您所在单位：① 高校　② 政府　③ 其他

（4）您的职业：① 学生　② 高校教工　③ 高校职工　④ 其他

（5）您的受教育程度：① 大专及以下　② 本科　③ 硕士

④ 博士及以上

**二、主题信息**(请根据您的理解回答以下问题,请把最为接近的数字上打√)

<u>说明</u>:请将您认为问题能够反映标题的满意程度,有些标题可能并不能确切的用所体现的问题衡量,但可根据分值结合题目自己理解。

<u>请注意分数</u>:7——完全同意;6——同意;5——有点同意;4——不确定;3——有点不同意;2——不同意;1——完全不同意。

| 应急计划能力 | 7 | 6 | 5 | 4 | 3 | 2 | 1 |
|---|---|---|---|---|---|---|---|
| 应急预案制定 $X_{11}$ | | | | | | | |
| 日常规范性文件的制定 $X_{12}$ | | | | | | | |
| 应急工作流程的制定 $X_{13}$ | | | | | | | |
| 惩罚条例的制定 $X_{14}$ | | | | | | | |
| 恢复计划建立 $X_{15}$ | | | | | | | |
| 应急组织能力 | 7 | 6 | 5 | 4 | 3 | 2 | 1 |
| 职能及岗位配置 $X_{21}$ | | | | | | | |
| 人员素质 $X_{22}$ | | | | | | | |
| 队伍建设 $X_{23}$ | | | | | | | |
| 应急指挥能力 | 7 | 6 | 5 | 4 | 3 | 2 | 1 |
| 临时决策专家组成结构 $X_{31}$ | | | | | | | |
| 快速反应能力 $X_{32}$ | | | | | | | |
| 预案启动能力 $X_{33}$ | | | | | | | |
| 分析决策能力 $X_{34}$ | | | | | | | |
| 贯彻政府指令能力 $X_{35}$ | | | | | | | |
| 师生的安抚能力 $X_{36}$ | | | | | | | |
| 动员师生能力 $X_{37}$ | | | | | | | |
| 动态预案调整 $X_{38}$ | | | | | | | |
| 危机控制能力 $X_{39}$ | | | | | | | |
| 秩序维持能力 $X_{310}$ | | | | | | | |

续表

| | | | | | | | |
|---|---|---|---|---|---|---|---|
| 物质和资金的调配 $X_{311}$ | | | | | | | |
| 人力资源整合能力 $X_{312}$ | | | | | | | |
| **应急协调能力** | 7 | 6 | 5 | 4 | 3 | 2 | 1 |
| 信息收集传递能力 $X_{41}$ | | | | | | | |
| 与媒体的沟通协调能力 $X_{42}$ | | | | | | | |
| 与警方的沟通协调能力 $X_{43}$ | | | | | | | |
| 与政府的沟通协调能力 $X_{44}$ | | | | | | | |
| 应急联动能力 $X_{45}$ | | | | | | | |
| **应急控制能力** | 7 | 6 | 5 | 4 | 3 | 2 | 1 |
| 风险分析及隐患排查(定期检测、预防) $X_{51}$ | | | | | | | |
| 宣传教育、培训和演习 $X_{52}$ | | | | | | | |
| 事后问责及惩处 $X_{53}$ | | | | | | | |
| 保险和赔偿能力 $X_{54}$ | | | | | | | |
| 事后评估及经验总结能力 $X_{55}$ | | | | | | | |
| 恢复整改能力 $X_{56}$ | | | | | | | |
| **物资保障能力** | 7 | 6 | 5 | 4 | 3 | 2 | 1 |
| 资源保障能力 $X_{61}$ | | | | | | | |
| 资金保障能力 $X_{62}$ | | | | | | | |
| 通信保障能力 $X_{63}$ | | | | | | | |
| 医疗保障能力 $X_{64}$ | | | | | | | |
| 信息系统保障能力 $X_{65}$ | | | | | | | |
| 工程防御保障能力 $X_{66}$ | | | | | | | |

如果您认为本问卷中还有其他问题不明确,请在下面写出:

调查到此结束,您辛苦了,谢谢您的合作!

# 附　录　3

**问卷编号：**

## 地方高校突发事件应急管理能力指标比较调查问卷

尊敬的领导：

感谢您抽出宝贵时间参与我们的调查。本调查是关于地方高校对于突发事件的应急能力的专题研究，拟运用 AHP 法对所调查结果进行分析。您对问卷的所有答案都是匿名的，回答没有对错之分，问卷结果只用于统计分析，对您的个人资料，我们根据《中华人民共和国统计法》予以保密，问卷回答不会对您个人产生任何不良影响。

接下来麻烦您抽出几分钟的时间回答问题，请认真作答，在问卷中反映您真实的看法，为了统计分析，请勿遗漏。衷心感谢您的参与！

调查说明：

各标准重要性的比较尺度

| 语言描述 | 数值等级 |
|---|---|
| 极重要 | 9 |
| | 8 |
| 非常重要 | 7 |
| | 6 |
| 很重要 | 5 |
| | 4 |
| 较重要 | 3 |
| | 2 |
| 同等重要 | 1 |

主题内容:

| 应急计划能力两两比较 | 数值等级 |
| --- | --- |
| 应急计划能力——应急组织能力 | |
| 应急计划能力——应急指挥能力 | |
| 应急计划能力——应急协调能力 | |
| 应急计划能力——应急控制能力 | |
| 应急计划能力——资源保障能力 | |
| 应急组织能力——应急指挥能力 | |
| 应急组织能力——应急协调能力 | |
| 应急组织能力——应急控制能力 | |
| 应急组织能力——资源保障能力 | |
| 应急指挥能力——应急协调能力 | |
| 应急指挥能力——应急控制能力 | |
| 应急指挥能力——资源保障能力 | |
| 应急协调能力——应急控制能力 | |
| 应急协调能力——资源保障能力 | |
| 应急控制能力——资源保障能力 | |
| **应急预警能力指标两两比较** | **数值等级** |
| 应急预案制定——日常规范性文件的制定 | |
| 应急预案制定——应急工作流程的制定 | |
| 应急预案制定——惩罚条例的制定 | |
| 应急预案制定——恢复计划建立 | |
| 日常规范性文件的制定——应急工作流程的制定 | |
| 日常规范性文件的制定——惩罚条例的制定 | |
| 日常规范性文件的制定——恢复计划建立 | |
| 应急工作流程的制定——惩罚条例的制定 | |
| 应急工作流程的制定——恢复计划建立 | |
| 惩罚条例的制定——恢复计划建立 | |

续表

| 应急组织能力指标两两比较 | 数值等级 |
|---|---|
| 职能及岗位配置——人员素质 | |
| 职能及岗位配置——队伍建设 | |
| 人员素质——队伍建设 | |
| **应急指挥能力指标两两比较** | **数值等级** |
| 临时决策专家组成结构——快速反应能力 | |
| 临时决策专家组成结构——预案启动能力 | |
| 临时决策专家组成结构——分析决策能力 | |
| 临时决策专家组成结构——贯彻政府指令能力 | |
| 临时决策专家组成结构——师生的安抚能力 | |
| 临时决策专家组成结构——动员师生能力 | |
| 临时决策专家组成结构——动态预案调整 | |
| 临时决策专家组成结构——危机控制能力 | |
| 临时决策专家组成结构——秩序维持能力 | |
| 临时决策专家组成结构——物质和资金的调配 | |
| 临时决策专家组成结构——人力资源整合能力 | |
| 快速反应能力——预案启动能力 | |
| 快速反应能力——分析决策能力 | |
| 快速反应能力——贯彻政府指令能力 | |
| 快速反应能力——师生的安抚能力 | |
| 快速反应能力——动员师生能力 | |
| 快速反应能力——动态预案调整 | |
| 快速反应能力——危机控制能力 | |
| 快速反应能力——秩序维持能力 | |
| 快速反应能力——物质和资金的调配 | |
| 快速反应能力——人力资源整合能力 | |
| 预案启动能力——分析决策能力 | |

续表

| | |
|---|---|
| 预案启动能力——贯彻政府指令能力 | |
| 预案启动能力——师生的安抚能力 | |
| 预案启动能力——动员师生能力 | |
| 预案启动能力——动态预案调整 | |
| 预案启动能力——危机控制能力 | |
| 预案启动能力——秩序维持能力 | |
| 预案启动能力——物质和资金的调配 | |
| 预案启动能力——人力资源整合能力 | |
| 分析决策能力——贯彻政府指令能力 | |
| 分析决策能力——师生的安抚能力 | |
| 分析决策能力——动员师生能力 | |
| 分析决策能力——动态预案调整 | |
| 分析决策能力——危机控制能力 | |
| 分析决策能力——秩序维持能力 | |
| 分析决策能力——物质和资金的调配 | |
| 分析决策能力——人力资源整合能力 | |
| 贯彻政府指令能力——师生的安抚能力 | |
| 贯彻政府指令能力——动员师生能力 | |
| 贯彻政府指令能力——动态预案调整 | |
| 贯彻政府指令能力——危机控制能力 | |
| 贯彻政府指令能力——秩序维持能力 | |
| 贯彻政府指令能力——人力资源整合能力 | |
| 师生的安抚能力——动员师生能力 | |
| 师生的安抚能力——动态预案调整 | |
| 师生的安抚能力——危机控制能力 | |
| 师生的安抚能力——秩序维持能力 | |
| 师生的安抚能力——物质和资金的调配 | |

续表

| | |
|---|---|
| 师生的安抚能力——人力资源整合能力 | |
| 动员师生能力——动态预案调整 | |
| 动员师生能力——危机控制能力 | |
| 动员师生能力——秩序维持能力 | |
| 动员师生能力——物质和资金的调配 | |
| 动员师生能力——人力资源整合能力 | |
| 动态预案调整——危机控制能力 | |
| 动态预案调整——秩序维持能力 | |
| 动态预案调整——物质和资金的调配 | |
| 动态预案调整——人力资源整合能力 | |
| 危机控制能力——秩序维持能力 | |
| 危机控制能力——物质和资金的调配 | |
| 危机控制能力——人力资源整合能力 | |
| 秩序维持能力——物质和资金的调配 | |
| 秩序维持能力——人力资源整合能力 | |
| 物质和资金的调配——人力资源整合能力 | |
| **应急协调能力指标两两比较** | **数值等级** |
| 信息收集传递能力——与媒体的沟通协调能力 | |
| 信息收集传递能力——与警方的沟通协调能力 | |
| 信息收集传递能力——与政府的沟通协调能力 | |
| 信息收集传递能力——应急联动能力 | |
| 与媒体的沟通协调能力——与警方的沟通协调能力 | |
| 与媒体的沟通协调能力——与政府的沟通协调能力 | |
| 与媒体的沟通协调能力——应急联动能力 | |
| 与警方的沟通协调能力——与政府的沟通协调能力 | |
| 与警方的沟通协调能力——应急联动能力 | |
| 与政府的沟通协调能力——应急联动能力 | |

续表

| 应急控制能力指标两两比较 | 数值等级 |
| --- | --- |
| 风险分析及隐患排查——宣传教育、培训和演习 | |
| 风险分析及隐患排查——事后问责及惩处 | |
| 风险分析及隐患排查——保险和赔偿能力 | |
| 风险分析及隐患排查——事后评估及经验总结能力 | |
| 风险分析及隐患排查——恢复整改能力 | |
| 宣传教育、培训和演习——事后问责及惩处 | |
| 宣传教育、培训和演习——保险和赔偿能力 | |
| 宣传教育、培训和演习——事后评估及经验总结能力 | |
| 宣传教育、培训和演习——恢复整改能力 | |
| 事后问责及惩处——保险和赔偿能力 | |
| 事后问责及惩处——事后评估及经验总结能力 | |
| 事后问责及惩处——恢复整改能力 | |
| 保险和赔偿能力——事后评估及经验总结能力 | |
| 保险和赔偿能力——恢复整改能力 | |
| 事后评估及经验总结能力——恢复整改能力 | |
| 物资保障能力指标两两比较 | 数值等级 |
| 资源保障能力——资金保障能力 | |
| 资源保障能力——通信保障能力 | |
| 资源保障能力——医疗保障能力 | |
| 资源保障能力——信息系统保障能力 | |
| 资源保障能力——工程防御保障能力 | |
| 资金保障能力——通信保障能力 | |
| 资金保障能力——医疗保障能力 | |
| 资金保障能力——信息系统保障能力 | |
| 资金保障能力——工程防御保障能力 | |
| 通信保障能力——医疗保障能力 | |

续表

| | |
|---|---|
| 通信保障能力——信息系统保障能力 | |
| 通信保障能力——工程防御保障能力 | |
| 医疗保障能力——信息系统保障能力 | |
| 医疗保障能力——工程防御保障能力 | |
| 信息系统保障能力——工程防御保障能力 | |

# 附　录　4

**问卷编号:**

## A/B/C 三所地方高校突发事件应急管理能力定性指标评价

尊敬的女士/先生:

感谢您抽出宝贵时间参与我们的调查。本调查是关于地方高校对于突发事件的应急能力的专题研究,拟运用模糊评价法对所调查结果进行分析。您对问卷的所有答案都是匿名的,回答没有对错之分,问卷结果只用于统计分析,对您的个人资料,我们根据《中华人民共和国统计法》予以保密,问卷回答不会对您个人产生任何不良影响。

接下来麻烦您抽出几分钟的时间回答问题,请认真作答,在问卷中反映您真实的看法,为了统计分析,请勿遗漏。衷心感谢您的参与!

**一、个人信息**(请在符合的选项后划"√",没有选项的请作答)

(1) 您的性别:① 男　② 女

(2) 您的年龄范围:① 30 以下　② 30—40　③ 40—50　④ 50以上

(3) 您所在单位:① 高校　② 政府　③ 其他

(4) 您的职业:① 高校管理者　② 政府领导　③ 高校职工　④ 其他

(5) 您的受教育程度:① 大专及以下　② 本科　③ 硕士

④ 博士及以上

**二、主题内容**（请您根据您的理解回答以下问题，请把最为接近的数字上打√）

说明：请您对您所在的学校的突发事件应急能力进行打分。

打分标准：A：优秀——90～100；B：良好——80～90；C：中等——70～80；

D：及格——60～70；E：不及格——60 以下。

| 应急计划能力 | A | B | C | D | E |
|---|---|---|---|---|---|
| 日常规范性文件的制定 | | | | | |
| 应急工作流程的制定 | | | | | |
| 惩罚条例的制定 | | | | | |
| 恢复计划建立 | | | | | |
| **应急组织能力** | A | B | C | D | E |
| 职能及岗位配置 | | | | | |
| 人员素质 | | | | | |
| 队伍建设 | | | | | |
| **应急指挥能力** | A | B | C | D | E |
| 决策专家组成结构 | | | | | |
| 贯彻政府指令能力 | | | | | |
| 师生的安抚能力 | | | | | |
| 动态预案调整 | | | | | |
| 危机控制能力 | | | | | |
| 秩序维持能力 | | | | | |
| 物质和资金的调配 | | | | | |
| 人力资源整合能力 | | | | | |
| **应急协调能力** | A | B | C | D | E |
| 信息收集传递能力 | | | | | |

续表

| | | | | | |
|---|---|---|---|---|---|
| 与媒体的沟通协调能力 | | | | | |
| 与警方的沟通协调能力 | | | | | |
| 与政府的沟通协调能力 | | | | | |
| 应急联动能力 | | | | | |
| **应急控制能力** | A | B | C | D | E |
| 风险分析及隐患排查 | | | | | |
| 事后问责及惩处 | | | | | |
| 保险和赔偿能力 | | | | | |
| 事后评估及经验总结能力 | | | | | |
| 恢复整改能力 | | | | | |
| **物资保障能力** | A | B | C | D | E |
| 资源保障能力 | | | | | |
| 资金保障能力 | | | | | |
| 通信保障能力 | | | | | |
| 医疗保障能力 | | | | | |
| 信息系统保障能力 | | | | | |
| 工程防御保障能力 | | | | | |

# 参考文献


[1] 常健,等.中国公共冲突化解的机制、策略和方法[M].北京:中国社会科学出版社,2013.

[2] 李景升.大学生危机管理研究[M].北京:中国文史出版社,2014.

[3] 王宏伟.重大突发事件应急机制研究[M].北京:中国人民大学出版社,2010.

[4] 王玲.校园突发事件的危机干预[M].广州:暨南大学出版社,2011.

[5] 亨廷顿.变化社会中的政治秩序[M].王冠华,等译.北京:生活·读书·新知三联书店,1989.

[6] 中国行政管理学会课题组.中国转型期群体性突发事件对策研究[M].北京:学苑出版社,2003.

[7] 罗伯特·J.斯滕贝格,凯琳·斯滕贝格.爱情心理学[M].李朝旭,等译.北京:世界图书出版公司,2013.

[8] 罗伯特·希斯.危机管理[M].北京:中信出版社,2001.

[9] 诺曼·R.奥古斯丁,等.危机管理[M].北京:中国人民大学出版社、哈佛商学院出版社,2002.

[10] 张耀灿,等.思想政治教育学前沿[M].北京:人民出版

社,2006.

[11] 薛天祥.高等教育管理学[M].上海:华东师范大学出版社,1997.

[12] 苏振芳.当代国外思想政治教育比较[M].北京:社会科学文献出版社,2009.

[13] 罗伯特·伯恩鲍姆.大学原型模式:大学组织与领导的控制系统[M].别敦荣,主译.青岛:中国海洋大学出版社,2003.

[14] 郝瑜.高等教育大众化——陕西的经验、问题与前景[M].北京:高等教育出版社,2004.

[15] 姚书志.大学生职业生涯规划与就业创业指导[M].北京:高等教育出版社,2012.

[16] 洪凯.应急管理体制跨国比较[M].广州:暨南大学出版社,2012.

[17] 乔治·D.哈岛,琼·A.布洛克,达蒙·P.科波拉.应急管理理论[M].龚晶,等译.北京:知识产权出版社,2012.

[18] 中华人民共和国突发事件应对法[M].北京:中国法制出版社,2007.

[19] 姜平.突发事件应急管理[M].北京:国家行政学院出版社,2011.

# 致谢

春种夏长，秋收冬藏。在自然界孕育生发、骚动成长的春夏之交，在个人生命历程花谢叶落、返璞归真的秋去冬来之际，我终于完成了这部书稿。此时此刻，在我抱着轻松而复杂的心情来写这篇收束的致谢辞的时候，回首往事，不禁百感交集，感慨系之。

回想 12 年前，当我的工作从机关调到学校开始另一段人生历程的时候，正是四十出头的年纪，心理和精力都正处于中壮年时期血气方刚的状态，怀抱强烈的责任感和使命感，投身于学校的各项工作，从最初的分管学生工作，到分管后勤保障到分管教学，再到分管学校基建等，分管工作领域几乎涵盖了所有的部门和处室。在最初分管学生工作期间，已深刻意识到校园突发事件，不仅关乎学生、教师、学校的生命、财产安全，也触及社会公众的神经，其影响远远超出校园本身，会危及社会的安定。基于这样的认识，本人开始关注研究高校突发事件，尤其是突发事件的应急管理。在此期间，恰逢本人在攻读博士学位，在导师张金锁教授的指导下，就以此为自己的研究方向，研究高校尤其是地方高校如何建立突发事件应急管理体系。

本书是在博士论文的基础上，几经修改而成，在这里我要将最真诚的感激献给我的导师张金锁教授。张金锁教授和我之间亦师亦友，每当我打退堂鼓的时候，他以老师的身份给我鼓励和鞭策，以朋友的身份给我读下去的信心和勇气。特别要感谢他在研究、写作的过程中给予我的悉心帮助和指导，本书写作的每一步都浸透着张老师的心血。在他的指导下，我开辟了以后研究的新方向，确立了我自己的学术新目标，掌握了科学研究的新方法和新技术。

回顾我与张老师多年交往经历，他在生活中厚德载物，工作上兢兢业业，学术上精益求精，尽管干行政工作多年，但身上却仍然保留着浓厚的书卷气，不愧是一个集古代教师“传道授业解惑”诸多优秀品质于一身的好教师。高山仰止，景行行止。虽不能至，心向往之。他的品行和学养，令我感佩至深，是我终身学习的好榜样。

同时也要真诚感谢西安科技大学能源学院、研究生院各位专家教授中肯的意见和建议，感谢为我安排学习和活动的各位老师和益友在生活上与工作上给予我亲切的关怀。特别要感谢邹绍辉、王涛、郭莉、闫晓霞等师弟师妹们对我的帮助。

在这篇致谢辞结尾之际，我忽然想起那个最近常萦心怀的问题，孔子《论语》以“学而”为第一章，荀况的《荀子》也以“劝学”为首篇。这究竟是无意的编排，还是有意为之，或者大有深意呢？如果真是有意为之并大有深意，那其意何在？

学而时习之，不亦说乎！

知我者谓我心忧，不知我者谓我何求！

姚书志

2016 年 2 月

反盗版举报电话　(010)58581999　58582371　58582488
反盗版举报传真　(010)82086060
反盗版举报邮箱　dd@ hep. com. cn
通信地址　北京市西城区德外大街4号　高等教育出版社法律事务与版权管理部
邮政编码　100120